敏捷领导力

数字时代下的灵活商业

（英）西蒙·海沃德（Simon Hayward） 著

王卫平 译

THE AGILE LEADER

HOW TO CREATE AN AGILE BUSINESS IN THE DIGITAL AGE

中国工人出版社

前言

F O R E W O R D

如何提升组织敏捷性，是我与全球多位高管和领导者交流时，他们最为关心的问题。本书旨在帮助你全面理解敏捷领导力，并掌握在实践中实现更广泛层面的组织敏捷性的具体方法。在第一部分，我分析了什么是敏捷领导力，以及作为领导者如何理解敏捷领导力的性质。在第二部分，我探讨了如何在实践中实现敏捷领导，以及改变工作方式的方法和建议。在第三部分中，我通过描述如何构建一个敏捷组织来扩展前面的观点。

本书是对我的前一部作品——《整合领导力》（Hayward, 2016）中提出的“整合领导力”这一概念的进一步探索。在本书中，我更深入地探究了作为领导者，在我们生活的数字世界如何创建和提高组织敏捷性和灵活性，及成为敏捷领导者和客户中心型领导者的关键因素。本书整体上自成一体，你并不需要阅读我的前一部作品，但如果具有前一本书的知识背景，也能够帮助你更好地阅读和理解本书。多年来，我在组织领导力这一领域有着深入的探索和很多的实践，我致力于将研究与实践中的敏捷工作方式联系起来。通过进一步明确领导力的多方面属性和一些行之有效的方法，我成功地将敏捷工作概念应用到企业层面，而非仅仅是在部门层面（如更常见的软件部门）。

如何才能从本书中获得最大的价值呢？本书可能会对四大读者

群体有所帮助：第一种是各种组织的高层管理者，无论是历史悠久的企业还是新兴企业抑或创业公司；第二种是上述企业的中层或基层管理者；第三种是想学习管理理论和领导力的学生；第四种是从事领导力提升的实践者。

如果你是一家大型老牌企业的首席执行官或高层领导，本书将为你提供一个构建更敏捷组织的蓝图，并且帮助你认识这一过程中的诸多挑战。如果你是一家初创企业或较小型企业的高层领导，你也许能够更快地实践本书的内容，因为你可能已经走在敏捷化的道路上了。对于初级或中级经理们来说，本书为你提供了一条在你所处领域实现更敏捷工作方式的清晰路径，并且还展示了其如何在更广泛的敏捷组织转型中发挥作用。

对于从事领导力学习和研究的学习者来说，本书对敏捷性语境下的领导力概念给予了简单易懂的介绍，帮助你对领导力的核心方面有广泛的了解，这些方面对于改变工作方式从而使你的组织变得更为敏捷至关重要。对于领导力提升实践者来说，本书提供了学习和实践敏捷领导力的整体方法，强调了它与传统领导力的不同。在企业层面构建敏捷的工作方式是一个真正的挑战，要想持续下去，需要领导者在思维和行为上做出重大转变。本书将告诉你有哪些具体的方法。

致谢

T H A N K S

我要感谢 Kogan Page 出版社团队在本书出版过程中的奉献和专业精神，尤其是本书编辑杰拉尔丁·科拉德（Geraldine Collard）在整个项目中的辛苦工作。我还要感谢我西鲁斯的同事简·奥哈拉（Jane O’Hara），简为这个项目提供了极大的帮助，本书具有的相关性、实用性和研究的深入性都离不开她的帮助。

这本书的出版离不开我在多年工作中合作过的许多管理专家和专业人士，本书中的许多案例和想法，以及我引用借鉴的诸多文献都归功于他们。我特别要感谢：埃德夫曼公司（ED & FMan）学习和发展总监阿德里安·奥斯本（Adrian Osbourn）、N·布朗（N Brown）的首席执行官安吉拉·斯宾德勒（Angela Spindler）、Seenit 的首席产品官奥莱利·圣普热福（Aurélie de Sainte Preuve）、益普索-莫里咨询公司（Ipsos MORI）的首席执行官本·佩奇（Ben Page）、英国时装协会（British Fashion Council）首席执行官卡罗琳·纳什（Caroline Rush）、爱好手工艺（Hobbycraft）前首席执行官卡特里奥娜·马歇尔（Catriona Marshall）、奥雅纳（Arup）副董事丹·希尔（Dan Hill）、英国和记电信（Three UK）首席执行官戴夫·戴森（Dave Dyson）和首席运营官格雷厄姆·巴克斯特（Graham Baxter）、生活镜头（Living Lens）首席运营官大卫·伍兹（David Woods）、渣打银行（Standard Chartered）全球执行和管理发展总监伊万·克拉克（Ewan Clark）、安东尼·诺兰信托（Anthony Nolan）首席执行官亨尼·布劳德（Henny Braund）、直销店集团（Shop Direct）人事总监杰奎·汉弗莱斯（Jacqui Humphries）、爱彼迎（Airbnb）北欧部门总经理詹姆斯·麦克卢尔（James McClure）、西鲁斯（Cirrus）非执行董事珍妮·霍金斯（Janine Hawkins）、安联（Allianz）数字能力主管让–玛丽·卡雷尔（Jean-Marie Carrère）、皇冠庄园（The Crown Estate）首席运营官朱迪思·埃弗里特（Judith Everett）、PureGym管理公司首席执行官汉弗莱·科博尔德（Humphrey Cobbold）、Haymarket媒体集团（Haymarket Media Group）首席执行官凯文·科斯特洛（Kevin Costello）、前沿论坛（Leading Edge Forum）研究员马特·巴兰坦（Matt Ballantine）、CDL开发总监迈克尔·兰伯特（Michael Lambert）、玛莎百货（Marks& Spencer）可持续业务总监迈克·巴里（Mike Barry）、Collider 联合创始人罗斯·刘易斯（Rose Lewis）、曼彻斯特大学校长南希·罗斯威尔（Nancy Rothwell）、宠物之家兽医服务集团公司（Pets at Home Vet Group）首席执行官莎莉·霍普森（Sally Hopson）、价值零售集团（Value Retail）人力资源总监塔尼斯·道奇（Tanith Dodge）、Code 首席执行官托尼·福格特（Tony Foggett）、芬纳（Fenner）董事长万达·默里（Vanda Murray OBE）等。他们都是行业里的杰出领导者，他们犀利的洞察力和广泛的经验启发了我。

我衷心感谢在西鲁斯帮助过我的每一位员工，感谢那些为这部书的手稿提出建议和反馈意见的同事们，你们的帮助给予了我完成这个项目的时间。我在这项研究中借鉴了相关主题的一些既有的重要的研究成果，我在此感谢这些作者和研究者的工作，我希望本书的读者在阅读中能根据我的提示，更进一步地去阅读你们的研究。本书中，我试图将既有的杰出研究与我自己多年在敏捷领导力这一领域的研究及实践结合起来。这本书中的一些想法可以追溯到我于2010 年在曼彻斯特商学院开始的博士课程学习的经历，同时也结合了过去三十年来我与许多世界领先机构进行业务合作的实践。

最后，感谢我的家人和朋友的耐心和宽容，感谢他们忍受了我那么多个周末和晚上没能够陪伴在他们身边。感谢我的妻子克莱尔和三个孩子哈利、麦克斯和弗雷迪。你们的耐心和鼓励是我完成这部作品的主要动力。

序言

P R E F A C E

很荣幸能为西蒙·海沃德的这部关于敏捷领导力的新作撰写序言。我第一次见到西蒙，是我们一起在曼彻斯特商学院工作的时候。大学为领导力前沿思想的发展做出了重要贡献，作为一名商学院的院长，我为此深感自豪。商学院的创新知识，帮助我们批判性地理解社会和经济正面临的诸多全球性的重大挑战。西蒙的工作吸引了我，他有能力把握种种前沿思想，并将其转化为生动有趣的论述以及一套实用的工具。

当今的领导者们居住在一个日益充满挑战的世界。在复杂的数字环境中保持充分的敏捷性和灵活性，这既是明智的，也是必要的。在商学院的整个职业生涯中，我得以近距离观察多位领导者和管理者，关注他们如何灵活有效地应对社会和经济形势的种种变化。多年的经验清楚地告诉我，西蒙在本书中讨论的问题走在了领导思想探索的前沿，我相信诸多正在寻求发展的领导者和管理者都能从阅读本书中受益。

近年来，对领导者的要求越来越多样，越来越复杂。随着技术以惊人的速度发展，建立人与人之间的联系对于有效领导与管理变得日益举足轻重。正如西蒙指出，面对这些挑战，我们需要同时担任推动者和打破者的角色，在建立信任的同时以更深思熟虑的方式做出决策。

西蒙的第一本书向我们介绍了“整合领导力”的理念，并提供了一个步骤路线图，为加强组织内部的领导提供了一个操作框架。阅读那本书曾经促使我去深度反思我本人的实践活动，它不仅挑战了我原有的关于如何成功运作商业组织的一些成见，同时还提供了许多有用的建议。在处理日常业务中遇到的困境时，这些建议让我受益匪浅。

这部新作的核心是关注敏捷性，即在数字时代如何成为一名敏捷的领导者。《敏捷领导力》是一部信息丰富且富有挑战性，同时阅读体验俱佳的作品。这本书借鉴了分布式领导力、真实领导力和复杂性领导力等领域的优秀研究成果，构建出一个强大而有效的框架，旨在帮助领导者创造理想条件，以促进敏捷商业模式蓬勃发展。

我邀请你与我一起学习敏捷领导力，更为重要的是，一起来思考如何培养和发展敏捷领导技能。

凯瑟琳·卡塞尔（Catherine Cassell）
伯明翰大学商学院院长

目录

C O N T E N T

第一部分

敏捷领导力

THE AGILE
LEADER

第一章　什么是敏捷领导力

引言

当今时代，优秀领导者的行为已经改变。生活在数字世界中的我们亟须调整领导方法，以便能够在数字化的大环境下有效地建立起成功的组织。这就要求领导者具备更敏捷的领导力：一方面要在企业内部加强凝聚力，促进员工之间良好协作，激发员工不断进取；另一方面也要突破固有思维，能够适应日新月异的时代环境，在竞争中保持优势。换言之，成为敏捷领导者意味着同时成为推动者（enabler）和打破者（disruptor）：在推动协作和发展的同时，不断打破既有模式以适应变化和竞争——这就是“敏捷领导力悖论”（agile leadership paradox）。

自我思考

在阅读本章时，请思考如下三个问题，将有助于你提炼成为敏捷领导者的核心观点。

- 加速发展的数字经济如何影响你的组织？
- 你能够用敏捷的方式思考问题吗？
- 作为领导者，你更愿意做一个推动者还是一个打破者？如何才能维持二者之间的良性平衡？

数字世界的领导者

敏捷的领导者注重建立联系和连接。他们不仅知道如何运营团队、亲近客户、团结同事及联合更广泛的利益相关者，也善于把握现今新的社会趋势，这些趋势塑造了我们周围这个加速数字化、政治不稳定的新时代——创造了新机遇，但也增加了整个产品行业面临淘汰的风险。在新时代，敏捷领导者每天都要做出选择，这些选择决定了他们的事业目标能否成功实现。

技术的发展和应用，正在改变人类的行为，以及跨部门、跨地域的沟通方式。网络连接和机器学习的爆炸式发展也引发了一个问题，即谁或什么在掌控局面。时间和空间似乎都被减少和压缩，而作为领导者，我们思考和应对周围变化的时间也在减少。由于移动技术、互联网、创新应用和智能系统的推动，我们现在的工作速度大大加快了。在这种情况下，我们需要创造新的工作方式，以应对组织内外不断变化的环境，使我们能够快速准确地抓住机遇，迎接挑战。

在这个数字化的世界里，客户的体验期望（及实现期望的内部运营模式）以前所未有的速度攀升。这个数字世界对组织运作提出了巨大挑战，我们需要为企业营造一个良好的环境，去接受和面对不确定性，创造一种全新的工作方式，促进企业持续发展和繁荣，这些可能是在五年前未曾听闻的方式。对一些企业而言，这意味着为了提高竞争力，持续进行循序渐进的改变；对另一些企业而言，这意味着大规模的创新和重新创建。例如，软件公司拓展到硬件领域，电信企业转型成数字企业，零售商化身为服务商，汽车制造商转化为科技巨头。“优步”通过一款应用程序，改变了我们在城市中的出行方式，打破了世界各地出租车市场格局。我们都很清楚“优步时刻”（Uber

Moments）一直在身边发生：竞争对手改变了我们的市场规则和市场结构。

在本书中，我使用的术语是“打破”（disruption），这与《牛津英语词典》（2017年）上的定义一致，即“干扰、打断一个事件、活动或过程的因素或问题”。“打破”在本书里既有“突破”，即“挑战既定规范”的含义，也有“颠覆”的意思，在数字时代为发展而做出的改变有时是颠覆性的。同时，我用“敏捷”（agile）一词来指代“能够快捷、轻巧地行动”的所有方法（OED, 2017）。在此，引用我的第一本书《整合领导力》（*Connected Leadership*）中的一段话：

> 组织敏捷性（Organizational agility）带来了一个悖论。一方面，你必须能够快速识别和应对新出现的威胁与挑战；另一方面，在执行中你必须对战略计划和行为协调怀有坚定的愿景。这种悖论是整合领导力的核心，既要坚持维护稳定的基础，又要拥抱灵活变化的工作方法。换言之，创建一个“能够快捷、轻巧地行动”的组织既需要强壮的脊椎，也需要柔软的肌肉。（Hayward，2016）

无论是否面临着“优步时刻”，如果我们的发展速度慢于周围的环境变化速度，我们很可能会被淘汰。到2020年，全球“物联网”中连接的设备估计超过300亿台（Abi Research, 2013）。这些智能设备每时每刻都在传播和接收海量的数据，并且需要做出及时响应，这些数据从人的心率、供应链中的货物运输信息到火山温度等无所不包。随着这种连通性持续保持指数级增长，机器学习将逐步取代人的行为，全球系统不再需要人的行为来实现连接、做出调整和决定未来的决策。在这种情况下，发生混乱的可能性在持续增长，但令人担忧的是，人类对行为和系统的控制能力却在逐步下降。

对我们中的许多人而言，“优步时刻”可能即将来临。我们最好刻不容缓地去改变和适应，而不是被动地等待被改变。例如，过去十年来，在线零售业一直是一个无情的战场，许多曾经的实体店或从事纸质业务的传统零售商，正在努力接受数字商业模式。技术推动的创新不断更新着消费者的期望，当日送达的网购服务，体育赛事中的即时投注，虚拟现实的游戏体验，以及购买前的在线试穿等服务都已经成为现实。

安吉拉·斯宾德勒（Angela Spindler）是N·布朗公司（N Brown）的执行总裁，她描述了近年来公司经历的前所未有的转变。通过一系列的网上交易，N·布朗公司的业务已经从使用传统的纸质产品目录的业务模式过渡到了数字化贸易模式，与诸多品牌（如JD Williams、Jacamo和Simply Be）合作，成功地转型成为线上服装零售商。

安吉拉表示公司在保持线上服装零售市场领先地位时，始终将周围环境发生的变化作为推动力：

> 在科技的推动下，消费者、市场和世界之内和之间相互的连通性使得商业模式经历了巨大的、飞速的变化。这些变化引发了消费者的新需求，提高了消费者的期望。毫不夸张地说，借助于网络科技，消费者对所有事情都更加了如指掌。

近年来随着N·布朗公司迅速转向数字化零售模式，该公司从员工到系统都经历了多次变革。虽然最终的收益可观，令人敬佩，但是随着商业平台、工作人员和工作方式的变化，完成这一过程也会伴随着痛苦与挫折。N · 布朗经历的转型无疑只是当今数字世界中广泛发生的商业组织变革中的一个代表案例而已。

本书旨在指导领导者们如何创造关键的联系，建立敏捷的组织，这样无论市场规则是循序渐进地改变，还是一夜之间发生天翻地覆的变化，你都能保持与时俱进的发展势头。第一，我将利用目前优秀的研究成果，结合我本人与许多国际企业客户近30年的合作经验，以及从中创造的一种全新的领导力实践，指导你如何改变组织运作方式。第二，我将兼顾自己和相关领域专家的最新研究成果，从学术和实践这两方面的研究出发，以便你能够在理论层面上深入理解专家研究的同时，在实践层面上也能更好地将这些成果与自己的组织联系起来。第三，我将探讨敏捷软件开发流程如Scrum是如何进行的，以及作为商业领导者能从中学到什么。第四，我还将提供丰富的具体案例来探讨各种前沿组织为提高它们的敏捷水平所采取的措施，读者可以从这些案例及我与被采访者的访谈摘录中收获独到的见解。第五，我会提供工具来帮助你将这些成果应用到自己的组织中，无论你已经是CEO还是渴望成为CEO，你都能从这些方法中受益。

许多我曾研究或共事过的组织都在当前这个不断变化的环境中寻求成功之路。打破和颠覆性的变化日益增多：一面是整个行业体系转向数字化，社交媒体和数字通信技术带来的互联世界的便利；另一面则是欧美民粹政治涌向高潮，贸易保护主义逐渐抬头，英国与欧盟分裂，宗教冲突和社会分裂问题日益严峻。这个变化的环境为商业和服务交付的发展既制造了挑战，也创造了机会，虽然抓住这些机会往往充满风险，但是错失机会面临的风险更大。在这个数字化且政治前景未知的世界，敏捷领导力从未如此意义重大。

整合型领导者

在我的上一本书《整合领导力》中，我描述了一种与此书背景密切相关的锻炼领导力的全新方法。在数字时代，有五种主要属性决定着传统组织如何转变为一个敏捷型和客户驱动型组织。如图1.1所示，在“整合领导力”的五个要素中，两个底部要素提供了一个基本框架，支持上方三个要素蓬勃发展。

整合领导力框架是我多年研究的产物，同时借鉴了当今最权威的领导力研究。正如你所见，本书要讨论的敏捷性是整合领导力五个要素中的一个基础要素，是更广框架的一部分。明白两者之间的关系，对我们后面深入探讨实践中的敏捷领导力大有裨益。

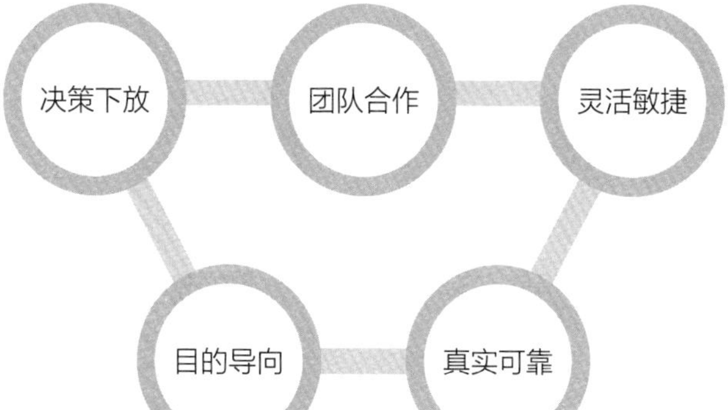

图1.1 整合领导力五要素

那么，什么样的领导者是整合型领导者呢？首先要从底部的两个支撑性的要素谈起。一个支撑性的要素是目的导向（Purpose and direction），指的是领导者要具有高度的使命感，有清晰的战略导向，能创建对未来的信念，从而激发和凝聚组织内部（以及外部）的人员力量一起建设蓝图，帮助员工认识到自己工作的重要性和价值感。另一个支撑性的要素是真实可靠（Authenticity）①，他们为人真诚、开放，能够激发团队自信，得到团队的承诺，保持开放透明的同事关系，以建立相互信任的组织文化。上方的三个要素中，第一个要素是决策下放（Devolved decision making）：领导者十分信任团队成员，愿意将决策下放到尽可能贴近客户的地方，愿意授权团队，使之能够按组织的方向和目标行动，并交付产品。第二个要素是团队合作（Collaborative achievement）：领导者鼓励组织间的横向协作，将不同部门的成员组成团队，实现产品共享，打破“筒仓”壁垒效应（Silos）。第三个要素是灵活敏捷（Agility）：指的是整合型领导者善于应用敏捷工作方式，善于鼓励员工通过实验、学习和持续改进来适应变化的环境。整合型领导具有以上五个要素，通过这些相互关联的因素，创造敏捷灵活的商业组织，能够轻松地适应不断变化的世界。

敏捷型领导者作为推动者和打破者

上文阐述的五种能力有助于你成为敏捷型领导者，这一点在世界各地的组织实践中已经证明是非常有效的，而这些组织也正在采用这些技能来改变他们的领导方式，稍后我将在本章深入探讨。在

---

① Authenticity这个概念近年来被引入领导力理论，authentic leadership, authentic leader,分别翻译为真实领导力，真实型领导者，也有被译为真诚领导力和真诚型领导者，两种用法都在用，本书主要采用前一种用法，在具体的上下文中有时含有真实可靠、真诚或真切的意思。参见“真实型领导 - MBA智库百科 (mbalib.com)”——译者注

本书的语境下，还需要强调敏捷领导力的另外一个能力，这与我们周围加速变化的环境直接相关。那就是我在本章开头就提到过的领导力悖论：领导者既要成为推动者，也要成为打破者。后者指的是领导者能够重构思维，接纳来自不同情境的想法，也能够将看似不相关的零碎信息整合到一起，寻找新的可能，并勇于挑战现状。我遇到很多这样的领导力案例，不如用我妻子克莱尔（Clare）作例子来说明领导者成为打破者的一面。克莱尔看房子很有眼光，她能从我认为缺乏吸引力、不合适的地方看出有价值的潜质。她对房子的构想远远超越简单的墙壁、颜色、家具，她能够看到许多新的可能，同时，她又能够非常完美地将梦想变为现实，能够向建筑师阐释她的构想，并且组织合适的施工团队。克莱尔构想的新房子几乎没有囿于建筑原来的状态。她擅长挑战先入之见，也正是通过这种打破式的心态，她创造了新的可能性，吸引他人合作参与，从而将自己的构想变为现实。

随着数字化在生活世界各个领域的影响加深，我们越来越需要接受领导者悖论：杰出的领导者们将人力、客户和社群团结在一起，但同时他们也挑战现状，冲破固有思维，打破既定规范，从一个城市出租车管理模式，到时尚服装进入全球市场的商机都需要这样的颠覆性思维。

敏捷领导力悖论

要想在数字世界中成为高效的领导者，我们既要成为推动者，也要成为打破者。

要想在数字世界中成为敏捷型领导者，我们既要成为推动者，也要成为打破者，在创建一个协调运作的企业的同时，在最基本的层面上挑战它的运作方式。我们必须接受敏捷领导力悖论的两个方面——整合的必要性与打破的必要性——既能创造凝聚力，也需要质疑支撑它的假设。这个悖论是领导者们为了能在二十一世纪实现高效领导而采取的典型的平衡行为。二十一世纪通常被描述为VUCA（Stiehm and Townsend, 2002）时代：反复无常（volatile）、难以预料（uncertain）、错综复杂（complex）和模棱两可（ambiguous）。VUCA这个提法最早在美国军队中使用，现在已被广泛用来意指我们有效应对多变环境的方法，及培养适应性思维；仅仅依赖于已尝试和检验过的方法已经不足以帮助我们面对新的环境了。

在作为推动者方面，敏捷型领导者正在创建一种能够快速响应客户需求和竞争对手行为的组织结构。根据西鲁斯公司（Cirrus）和益普索-莫里咨询公司（Ipsos MORI）合作的一项最新研究（Cirrus/Ipsos, 2017），人们更倾向于选择为自己认可的事业工作，而不仅仅是为一家公司工作，敏捷型领导者必须致力于创建一项多代员工都支持的"事业"。他们还必须授权员工在一致的参考框架内决策并作出反应，从而使决策尽可能贴近客户。他们正在建立一个整合的组织，能够作为整体轻便行动。与此同时，这些领导者正在确定是否有必要进行关键的变革，即重新定义组织认同的基本要素。为了在行业中创造或预测"优步时刻"，他们正在寻找机会重塑运营模式。他们鼓励同事采用新的思维方式、行为方式和对事件的反应方式——形成一种共同的打破性思维。他们正在寻找打破的时刻。

现在，我们比以往任何时候都更需要接受这个悖论，同时也需要创造以团队为基础的整合型工作方式，以及重新思考我们要如何工作，如何为客户提供独特体验，如何生存下去。这与麦肯锡（McKinsey）对1000多家公司的广泛研究得出的结论一致，该研究强调了结合稳定与速度的必要性。麦肯锡将具备这两种特征的公司称为敏捷型公司，同时这项研究也揭示了，只有12%的公司强烈显示出这两种特征（McKinsey, 2015）。而且有趣的是，这12%的公司平均健康状况和绩效都高于其他公司。

从更细微的层面来讲，思考推动者和打破者这两种方法的主要特征，对于我们大有裨益。如果我们需要同时成为敏捷型领导者，以及建立并维持敏捷的组织，我们需要知道作为推动者和作为打破者在实践中的具体体现。我将在整本书中探讨这些要点。为了让读者有一个大致的了解，这里有一张初步的总结图表，如图1.2所示。

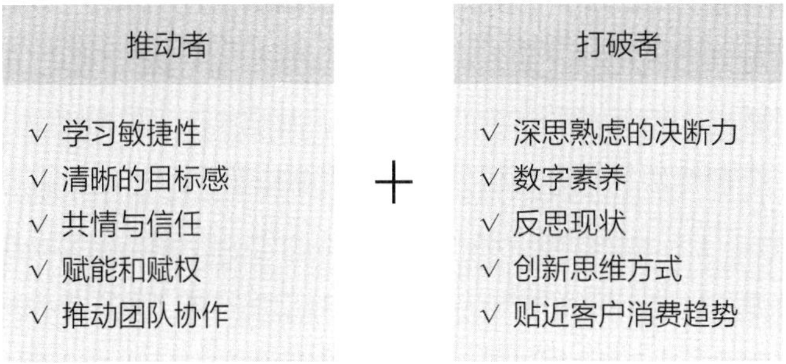

图1.2　敏捷领导力悖论

推动者倾向于向同事提供清晰的目标方向，这有助于确保组织中的行为优先级一致。他们会很自然地与客户建立联系，花费时间与客户在一起，倾听客户想要什么，不想要什么，从而找出潜在的商业趋势或者填补缺口。他们往往受到客户和同事的信任，可能会被形容成是“真实的”或“真诚的”。他们也善于社交，能够吸引他人参与到转变之旅中。他们拥有同理心和共情力，能与更广泛的人群建立强大的个人联系。他们信任他人，拥有与他人融洽相处并与不同领域的人达成合作的能力。他们善于创造能够容错的、让人有安全感的环境来鼓励实验和创新。

另外，打破者更关注不断变化的客户体验图景，通常使用大数据来了解市场中购买模式的变化趋势。他们经常挑战现状，如果组织不能适应这一点，他们就有被逐出组织的风险。例如，在我职业生涯的早期，我曾挑战过一位董事长，结果是我丢了工作，离开了这一行，转向了咨询行业，我后来的经历证明我更适合这个行业。打破者喜欢在官僚主义中开创新路，重新设想运营模式，打破筒仓壁垒，挑战部落思维。他们往往富有创造力，大胆且乐观看待未来的可能性，并期望同时能迅速适应外部环境的变化。他们也常常有实现突破的决心，放手去完成手头的任务，而不是被他们所认为的“旧的工作方式”限制。

一个敏捷的领导者需要做到以上两个方面。通过结合这些反直觉的领导方法，领导者可以在他们的团队和组织中创造出真正敏捷所需的力量和行动。读完本章后，你认为目前你在哪些方面做得更有效呢？本章最后的表1.1提供了一个简单的问卷，你可以通过它来了解你的特长和能力，思考如何发挥你的优势。同样，调查问卷也可以帮助你确定需要在哪些方面发展和提高，或者需要和在这方面更强的同事一起工作，这样可以取长补短。这些思考将帮助你阅读本书的后面章节。

案例研究

爱彼迎（Airbnb）：通过推动互联来打破市场

爱彼迎被视为典型的“打破者”。该公司成立于2008年，总部位于旧金山，其业务很大程度上基于“互联”的概念——建立一个将人们彼此连接、将体验分享的社区。爱彼迎的业务范围遍及近200个国家，它打乱了短期和假期酒店业市场，为顾客提供了新的短途旅行等体验。它是“共享经济”的先驱——这种经济方式通过点对点的互联发生在在线社区中。2016年，爱彼迎首次实现了盈利。

爱彼迎全球旅店和战略主管奇普·康利（Chip Conley）于2013年加入该公司。在接受《广告周刊》（*Adweek*, 2016）采访时，他表示，刚加入爱彼迎时，他对共享经济并不熟悉，但对爱彼迎在推动酒店行业民主化和改善方面所做的创新很感兴趣。他说，这种住宿模式的转型遵循了创新的三条规则：创新往往伴随先兆；创新解决了人们一种尚未满足的需求；随着时间的推移，曾经具有破坏性的创新被行业主流接受。

詹姆斯·麦克卢尔（James McClure）是爱彼迎的北欧总经理。他说：“虽然住在别人家里的想法几乎和时间一样古老，但就爱彼迎现在所做的来说，这是一件相当新鲜的事情。怎样把握这种模糊性需要灵活和敏捷的反应与行动，还需要一个稳定的、长期的愿景支撑。为了敏捷而敏捷并没有多大意义，当你知道你想要达到什么样的目标时，敏捷性才是强大的。”

尽管爱彼迎经常被描述为一家科技公司，但它的目标是从一个过夜住宿平台发展为一家综合性旅游公司。其中，科技被认为是一个必不可少的推动因素。产品总监弗拉德·洛克特夫（Vlad Loktev）称爱彼迎是“一个社区公司”。《经济学人》杂志（*The Economist*, 2017）将爱彼迎的成功很大程度上归因于其强大的、以价值观为基础的文化：直到2013年，创始人会面试每一位求职者，基于他们的价值观念对潜在员工进行评估。

爱彼迎成功的另一个因素是它平衡了本地业务和全球业务。在全球范围内，它有一套明确的经营原则和一个优秀的在线平台。在本地范围内，由房东提供个性化的体验。正如詹姆斯·麦克卢尔所说：“我们的业务是为人们提供良好的体验，而不是作为一个搜索引擎。我们有一个很棒的网站，但正是我们的房东提供了当地的体验。科技让我们把世界各地的人联系起来。而随着公司的成长，我们学到的一件事是，如何在全球范围内开展对整个公司有意义的工作，同时又保持对本地的关注。”

社区旅游计划就是保持当地特色的一个例子，它鼓励与复兴、再生、创新和节日庆祝相关的创意，成功的申请人将获得经济资助。社区和互联是爱彼迎理念的核心。2017年，首席执行官布莱恩·切斯基（Brian Chesky）宣布，他将在自己的职位名称里加上“社区负责人”（Head of Community）这个新职位。在接受《财富》杂志（*Fortune*, 2017）采访时，他解释说：“有一天我在想，我们的产品究竟是什么?我们的产品不是网站，也不是应用程序，而是社区，是用户群体。首席执行官通常也是首席产品官，如果说我是一个首席产品官，那我的产品正是一个社区，我把自己看作是这个社区的领导者。”

爱彼迎的领导者们投入大量的时间与精力，同被视为合作伙伴的房东建立紧密联系。他们的目标是通过各种方式鼓励所有的房东尽可能充分地参与到运营业务中来。对于双方的时间安排与可交付服务设定明确的期望值，鼓励定期、开放的交流。爱彼迎的领导们经常亲身光顾爱彼迎的住宿，亲自与房东见面，感受住宿环境和服务。詹姆斯·麦克卢尔（James McClure）每个月至少这样做一次：“这是了解如何发展业务的好方法。你知道事情是如何变化的，还有我们应该考虑其他的什么样的业务。我们的房东会接待很多客人，他们是很好的研究资源，我们也从他们身上学到了很多。”

爱彼迎房东大会（Airbnb Open）是一系列会议，将爱彼迎的员工和房东聚集在主要城市，提供一系列研讨会、演讲和社交机会。房东从各地赶来参加，反馈和建议被广泛分享和采纳。例如，约50名爱彼迎工程师参加了2016年洛杉矶的活动，听取了许多房东的意见。几天之内，许多对爱彼迎网站的改进建议都得到了落实。这是敏捷软件开发的一个很好的例子。爱彼迎采用了敏捷的原则——团结协作、持续改进、快速灵活地应对变化——并将其广泛应用于整个组织，以造福客户。

我们能从爱彼迎身上学到什么？

- 科技只是一个推动因素。爱彼迎的业务是为人们提供良好的体验，而不是作为一个搜索引擎。
- 敏捷是手段，而不是目的。敏捷可以帮助你到达你想去的地方，快速且果断地做出反应。
- 更广泛合作的重要性。爱彼迎以创新的方式与房东、客人及其他人合作。
- 平衡全球和本地运营。以明确的目标、价值观和方向为中心，鼓励当地员工和合作伙伴根据当地需求量身定制解决方案。

敏捷性

那么，什么是敏捷？如果我们想到最喜欢的运动员、瑜伽老师或舞蹈家，我们就能认识到这些专业人士所拥有的一些共同特征，他们通过持续的训练保持平衡感，掌握改变速度的能力，加强器官和四肢的力量来协调身体运动。这些性质和能力能够帮助他们轻松移动，改变方向。在体育运动中，敏捷的运动员快速而轻松地对竞争对手的动作做出反应，寻求优势并捍卫自己的位置。由于刻苦的训练和天生的能力，他们比对手移动得更快、更精准。谢泼德等研究者（Sheppard et al, 2006）在研究运动员的敏捷性时，将敏捷定义为“刺激下做出反应，改变速度或方向的快速全身运动能力”。

如果我们把这个定义应用到组织的领导者身上，会发现一些有趣的相似之处。这场运动是如此迅速和广泛，可能对大型组织机构的领导人构成挑战，这些机构往往由不同层级的部门组成，有严格的治理机制和复杂的系统管理。它涉及整个组织，不仅仅是组织中更容易以敏捷方式操作的部门，比如软件开发团队。敏捷涉及速度或方向的变化，这可能意味着对某些关键项目踩下加速挡的同时对另外一些项目踩下减速挡，或者在出现差距时转向新的市场或产品类别。敏捷是对刺激的反应，是一种认知行为，比如在竞争对手摔倒时抓住机会，或者抵消价格战等竞争威胁。

在这些情况下，我们可以看到，敏捷性有两个方面是必不可少且互为补充的：一是认知行为，即解读情况并理解它对你意味着什么；二是身体行为，即“全身运动”引发的全方位的改变，使你能更有效地竞争。以高水准的运动员为例，他们能比对手更快、更准确地判断形势，这让他们占据了优势。他们可能会比其他选手更快地反击对手的攻击。他们能快速解读对手移动脚步或身体的方式，这样他们就能更快地做出反应，化解对方的进攻动作。

这种“阅读和反应”的能力对我们思考敏捷的领导者意味着什么很有帮助。认知上的“阅读和反应”过程由三个阶段组成（Cox, 2002）：

1. 知觉——感觉或预测刺激。
2. 反应——解读刺激并做出该做什么的选择。
3. 执行——发起响应。

处理速度是决定敏捷程度的关键——顶级运动员和其他运动员的不同之处在于，他们能够更早地利用更多线索来解读对手的动作和执行的策略。如果想成为敏捷的领导者，我们需要发展这种能力，预测我们的竞争对手在做什么，并就如何应对做出有效的选择，这些选择往往是在很短的时间或缺乏更详尽的信息时做出的。在《哈佛商业评论》（*Harvard Business Review*）上发表的一项研究中，博特略等人（Botelho et al, 2017）指出，在没有可靠的“剧本”可依的情况下，能够快速适应变化环境的执行总裁，比缺乏这一特质的执行总裁成功的可能性要高六到七倍。

敏捷的身体能力（Sheppard &Young, 2006）包括以下五个特点:

1. 平衡——协调我们的感知和行动来保持一个位置。
2. 力量——克服阻力。
3. 速度——快速移动身体的各个部位。
4. 协调——控制身体的不同部位。

5. 耐力——持续运动的毅力。

一旦我们开始思考敏捷性问题，我们就可以以敏捷的方式行事，但这需要付出巨大的努力。提升到理想的敏捷水平需要广泛和密集的训练、奉献、牺牲、提高缺氧耐受力以及专家和数据的指导。我们将在本书中探讨这些问题。

> 一旦我们开始思考敏捷性问题，我们就可以以敏捷的方式行事。

这些物理特征与琳等人（Lin et al., 2006）在其组织敏捷性元分析中确定的五种组织敏捷性特征相似。他们定义了响应能力，并将其描述为识别变化并快速响应。他们强调灵活性，即利用现有设施和资源实现新目标，以及在尽可能短的时间内实现目标的能力和速度。他们将协调性列为其中之一，即将这些原则整合成一个连贯的系统和整体的竞争性能。所以，运动敏捷性和组织敏捷性之间具有显著相似性。

在这个列表中，我们主要强调的是“能力”（competency），虽然这在某种程度上不言而喻，但仍值得强调。如果我们想要变得敏捷，确实需要核心能力来实现我们的目标。例如我能跑马拉松，我参与过几次比赛，然而，我清楚自己不太可能成为一名出色的体操运动员。我无法在双杠上轻松地旋转或在吊环上保持平衡。所以，我必须面对这样的结论，无论我多么努力，我都不具备成为一名一流体操运动员的基本能力。如果敏捷性能够（至少是部分地）帮助组织更快更有效地实现目标，那么我们就需要有基本的能力来完成这些目标。

敏捷性带来的结果是多种多样的，我们将在本书中对此进行探讨。英国和记电信（Three UK）的首席运营官格雷厄姆·巴克斯特（Graham Baxter）在描述他们改变工作方式、使之变得更为灵活和敏捷的经历时，很好地总结了这一点：

> 我们取得了许多成果，比如拥有更多敬业的员工，因为他们觉得自己是在参与一件重要的事业，他们得到了更多的授权，看到了自己所做的事情与我们作为一家公司提供服务之间的关系。我们还能以更低的成本更快地交付，这也更符合组织的目标。除此之外，从长远的角度来看，这意味着可以帮助你的组织迎接新的挑战，这样你就不会被时代淘汰。

格雷厄姆讲述了英国和记电信中员工的集体利益和个人利益，这些利益都是随着工作方式转向敏捷而实现的。这两者都很重要，并且随着动机增强和业务绩效提高，它们往往会相互促进。

不同类型的刺激

回到我们上文中对运动员具有的敏捷性给出的定义，敏捷性是“对刺激做出反应”的能力。作为二十一世纪的领导者，我们经常面临不同类型的刺激。这些刺激构成了一条渐进的“光谱”，一端是即时的、短期的、战术的，比如当地消费者在时尚领域购买模式的改变；另一端是结构性和战略性的变化，也就是通常所说的“优步时刻”。相应地，我们需要在不同程度和范围上，灵活敏捷地应对这些改变——作为领导者，我们的选择将决定反应的结果。当然，你也可能有机会创造一个“优步时刻”，我们将在第八章探讨如何保持这种可能性。

对于频繁发生的小的变化，如消费者的购买模式，我们需要灵活适应当地环境，根据当地环境做出调整，同时不失去我们的核心实力和供应效率。印地纺集团（Inditex）是敏捷型组织的一个好案例。该公司在93个国家运营，是世界上最大的时尚集团，拥有Zara这样的旗舰招牌。印地纺的工作周期很短，常常需要根据客户购买模式和本地需求管理进行季节性调整。新款式通常在不到一周的时间内就能制作出原型，从设计、生产到上架只需15天。这使得该公司可以根据当地消费者的需求，每周更换单个门店的库存，紧跟当前的时尚趋势和消费趋势。

相反，对于“优步时刻”式的变化，我们则需要建立一个能够快速有效地自我改良的组织，采用新的运营或业务模式，在不失去我们的核心目标、价值和方向的情况下，对市场的结构性变化做出反应。例如，2007年，当亚马逊（Amazon）推出Kindle时，英国领先的图书销售商水石连锁书店（Waterstones）差点倒闭。伴随水石书店的大量关闭，英国许多传统的股份制书店也会随之消失，因为出版商将不得不重新调整纸质书和电子书的供应。在当时，水石书店既有的经营模式是在英国建立统一形式的连锁运营，即你走进一家水石书店，在米德尔斯堡、伦敦或爱丁堡都能找到同样的书。在亚马逊的刺激下，水石公司做出了一个大胆的决定，给予商店经理自主权，让他们为顾客提供量身定做的服务，为每个当地门店做出正确的选择。所以，书店经理和他们的团队开始订购一些流行产品，然后再创造一个适合当地市场的环境，这一系列创新大幅度提升了顾客的回头率。

印地纺和水石书店的做法是相似的，它们让决策更贴近客户需求，并建立其他部门来支撑当地门店的灵活决策。而不同之处在于，印地纺已经有意识地发展成为一个能够做出可持续反应的组织，不断地对变化的消费者偏好做出回应，它的经营模式是紧密跟进时尚潮流并作出响应。另外，水石书店为了应对市场规则发生变化的竞争威胁，不得不打破其运营模式。这要归功于该公司的经理们，无论是首席执行官还是门店团队，他们的反应都迅速而有效。有趣的是，这两家公司都拥有高度的使命感，这无疑凝练了团队忠诚，促进了员工积极参与，正是这种精神支撑着他们在艰难的市场中不断取得成功。

就这两家公司做出的选择而言，水石书店的反应更加积极，这是它在面对数字化竞争时能够生存下去的关键点。随着时间的推移，印地纺的决策也不断优化，创建了以客户为导向的库存管理办法和实体店体验，并建立了一系列基础设施支持严格管理的供应链。我们能够从这两个例子得出非常清晰的经验：如果你能抓住机会，做出基于客户的敏捷响应，建立市场主导地位，就有可能成为赢家。另外，如果你发现自己正面临“优步时刻”，处于规则改变的弱势境地，你最好能够带领整个公司一起迅速做出反应，奋力一搏，否则有可能被市场淘汰出局。

高层领导的承诺

敏捷性是整合领导力的一个关键因素，也是本书讨论的重点。在商业领域和组织管理中，“敏捷”这个词常被用于各种各样的语境，用来描述敏捷的工作方式、敏捷的企业文化和敏捷的组织领导。我们认为最后一点最为重要，因为组织领导层面上的敏捷和灵活性有助于创建良好的企业文化，在这种文化中敏捷的工作方式就可以蓬勃发展。如果你不从组织单位的领导方式着手改变，你将难以使变革持续下去。在团队层面上也同样如此，在与客户的合作中，我每个月都能看到团队领导对于团队运作的巨大影响。如果领导者愿意接受反馈，继续学习，那么整个团队也会从学习反馈的企业文化中受益。如果领导采取防御性的态度，对反馈难以接受，那么团队将倾向于避免困难的对话和冲突，导致决策削弱，绩效降低。在部门和组织方面也是这样，因为高层团队的倾向奠定了其他业务的基础。

如果一个组织的高层领导者注意到敏捷性与核心业务成果之间的联系，那么这对于发展更敏捷的领导风格会有特别的帮助。例如，英国和记电信（Three UK）的首席执行官戴夫 · 戴森（Dave Dyson）就理解这种联系。他在我们做的一项研究中说：

> 作为一家企业，我们希望交付给客户的既是客户最喜欢的产品，也是员工最认可的产品，而且最终能帮助我们实现股东的财务目标。我认为成为一个更敏捷的企业有助于完成这些事情。

英国和记电信通过培养更加敏捷的领导者团队，以情感认同和技术创新把客户员工和股东利益紧密联系起来，实现结果共享。作为市场的打破者，英国和记电信近年来取得了显著的成功，它创建的业务以客户为导向，顺应趋势，能够快速有效地满足客户的新需求。

本书中，我们关注的重点是如何成为一个真正的敏捷型领导者，无论身处环境如何，都能够成为组织中敏捷的榜样。这意味着你要有敏锐的时间嗅觉，能够为自己和团队规划时间：慢思考，快行动。正如前文所说，一旦思维敏捷起来，我们的行为就可以变得敏捷。最好的网球运动员似乎每次击球都有更多的时间，尽管反过来说也成立，那就是他们花在每一击上的思考时间可能更少。同样，最好的领导者有更多的时间去思考，从容决策，根据情况调整他们的团队决策，但是一旦他们变得敏捷自如，他们在决策时需要花的时间就会变少。这就是我在前文中强调过的优秀运动员具有的反应敏捷性。

敏捷领导者还需要在必要的时候加速行动，尤其是在他们和团队察觉到四周潜藏机会或威胁的时候。这导致了企业家们的“机会主义”——做出正确的选择，并了解在哪里投资创新以快速满足当前的或未来的客户需求。他们认可实验的必要性，如果实验走向失败的结果，就汲取经验，在下一次实验时降低失败的概率。他们执着于做得更好，持续改进，珍惜时机，并尽可能减少为客户无效服务的时间。在大数据时代，他们通过对数据的批判性分析来了解新模式，了解同事和客户的需求，以及他们的行为动机。拥有和保有敏捷领导力的核心就是不断学习，每天做得更好，转变和创造新的思维方式、行为和表现。这意味着我们愿意每天都做出艰难抉择，保持力所能及的自律、专注和敏捷。就如同敏捷的运动员一样，敏捷型领导者需要坚定的决心和意志。记得我参加的第一次马拉松比赛是2008年在纽约举行的，比赛结束后，拿到冠军的我站在领奖台上说：“这需要付出什么？是勇气、决心和惊心动魄的奉献精神。”

敏捷性通常集中体现在学习新技能、适应不断变化的环境以及为客户和同事寻找创造新价值的方法。成为一名打破者并不是消极的：它更多的是对现状的挑战，冒着风险寻找提供服务或产品的新方法，以及简化和加快流程系统。

整合领导力的其他因素对敏捷领导力的贡献

整合领导力的其他构成因素也支撑着领导者与团队的敏捷性。在本节中，我们将依次探讨每个因素，并阐明每个因素对于敏捷领导力的作用方式。整合领导力的第一个因素是目的和方向。

目的和方向

在西鲁斯公司（Cirrus），我们的目标是“更好的领导者；更好的业务；更好的生活”，这是我们每天早上起床后想做的事情。它赋予了我们一种共同的意义感，让我们感受到自己的努力对我们的事业和受我们工作影响的人们有着特殊的贡献和意义。如果我们不去关注领导者在管理组织和带领团队时创建的共同目标和意义感，那么就意味着我们的注意力发生了偏误。明确共同目标和工作的意义，帮助我们决定战略方向、优先事项和日常抉择。目的和方向让我们清楚地知道我们来这里是为了什么，我们在寻求实现什么。什么是重要的，什么是不重要的，我们对这些问题有了共同的理解。明确的目标也能帮助我们确定优先事项，帮助我们每个人每天都做出有利于团队的选择。

我们从整合领导力中了解到，关注与动力是实现长期目标的两个重要因素，而确定明晰的目标和战略方向，便是关键因素。例如，标志性的跑车制造商阿斯顿·马丁（Aston Martin）以“力量、美丽、灵魂”的价值观领先业界。它的核心是推动产品开发及提高品牌背后的客户体验。如果组织中的每个人都知道作为领导者的你为什么这么做，更高层次的任务是什么，以及你打算如何交付它，他们就能够选择去做合适的工作，并更出色地完成其所承担的工作，当然他们也可以选择停止做什么。明确目标的感觉对员工来说是一种解放，因为他们清楚“待办事项清单”的首项是什么。

明确优先级是敏捷的核心。既要做出艰难的选择，更要把最重要的几件事做得更好。在第三章中，我们将探讨敏捷开发方法（如Scrum）对项目管理的影响，以及确定优先级可以给我们带来的益处。如何使客户的价值最大化，什么行动最切合一个组织的目标和战略，这些考虑是确定优先级的关键。

确定优先级还涉及确保你的员工有明确的角色定义，这样他们就知道自己被期望的是什么，这点在你需要快速改变业务方向或调整业务重点时特别有用。在上文提到的麦肯锡研究中，研究者将最灵活的公司的高层管理实践与最不灵活的公司区分开来，排在首位的是角色清晰性，也就是“组织清晰度、稳定性和结构化”（McKinsey, 2015）。为了拥有敏捷性需要的力量和平衡性能，确保我们在组织层面上定义明确、结构清晰是很重要的。如果每个角色都有明确的优先级意识，并且在整个组织程序中保持一致的连贯性，那么我们就能拥有一致的优先级，这将大大简化流程，减少内部冲突和内耗。

关于降低复杂性的另一个方面，是推动一个简单化的稳健流程，这种做法常常需要领导者悖论中的另一面——打破和突破。随着组织的发展，领导者们倾向于引入更多程序来协调不同部门。随着时间的推移，这一套规则往往会变得更加复杂，更多的监管和控制为错综复杂的官僚机构增加了额外的负担。最终，组织管理演变为一个独立的业务，需要一支训练有素的团队来管理并维护规则和程序。这一切都减缓了组织的进步速度，放缓了企业的工作节奏，限制了企业家精神和创意。简化作为一个目标是明确的，但实行起来挑战是巨大的，因为固有系统的改变往往困难重重。因此，这种改变必须是破坏性的，因为它需要你用不带感情的眼光去审视和质疑你的组织，让员工去挑战每一个层面的每一项规则和流程，看看哪些规则可以被打破，一直到组织内部最核心的部门，最终减少官僚主义的负担，确保过程能够精简。我们将在第五章对这部分内容进行深入探讨。

真实性（authenticity）

整合领导力的第二个因素是真实性，这关乎我们建立的价值观和人际关系是真实的，能为我们真实感知的。为了让我们变得更敏捷，我们需要在组织中创立一个价值观主导的文化。对过去20年里出现的数量可观的真实领导力案例进行研究，我们会发现真实领导力突出表现在四个方面：自我意识、以清晰价值观为基础的道德指向、信息互通和开放、信任的关系（Walumbwa et al, 2008）。

软件开发中的敏捷工作方式需要建立在相互信任、相互尊重的基础之上，这种文化使拥有授权的团队在短时间内能够生产和改进产品。不像那种鼓舞人心的领导方式强调的是个人主义，真实领导力代表了一种包容性的领导风格。过分强调鼓舞人心的领导方式有潜在的危险，它影射了一种导向，即认为所有的领导者都应该是“拯救世界”的英雄人物。

真实性在于建立信任关系，让他人在决定冒险时不会感到担心和畏惧。作为领导者，我们需要相信别人能做好工作，相信他们有能力、有动力，而不是提前假定他们缺乏能力，因此后续需要密切监督。这样行事的领导在员工心目中，是值得信赖的，且能够激发他人的信心；作为领导者，你要让员工知道如果犯了错误，也不需要担心批评或惩罚，因为他们相信你的意图是积极真诚的，你的决策是公正公平的。我们将在第二章进一步探讨互相信任的关系。

真实性的另一个方面是情商，这一点对于敏捷性尤为相关。如果我们希望他人愿意参与到改变中，或采用新的工作方式，我们能否与他人建立牢固关系是至关重要的。从我们与队员或同事一对一对话，到成立工作方式和步调一致的领导层，再到在整个业务中引领一种风向，即让更广泛的人群致力于一项事业，情商都可以在这多个层面发挥作用。

作为敏捷领导者的挑战是如何让整个组织参与到敏捷行动中来，因为只有整个身体都参与到运动中来，才能最有效地做到敏捷行动，包括身体的平衡和移动。如果只能让组织的一部分参与，而组织的其他部分以不同的方式、不同的速度工作，对如何协同工作有不同的看法，这样我们难以实现真正的敏捷性。如果我们的情商足够高，能够获得他人的信任，对他们产生有益的影响，从而让他们愿意改变运作方式，采用更敏捷的思维和方法，我们就可以在整个组织范围内采用敏捷工作模式。要做到这一点，我们需要克服担心失去的心理，不仅包括自己的担心，同时也包括他人的担心。我们也需要怀有一腔改变的热情，并朝着敏捷组织的愿景前进。这并不是容易的事。在第十章中，我们将深入探讨如何让整个组织参与到敏捷之旅中来。如何实现这一点，我的经验是，这需要作为领导的你拥有充分的组织力和凝聚力。

决策下放

整合领导力的第三个因素是下放决策权，使决策权尽可能地贴近客户，领导者主要关注组织视角的战略决策。用敏捷的术语来说，授权即给予团队自主权来决定他们可以做什么以及如何做，前提是从客户的角度明确优先级。为了有效地授权团队，作为领导者，我们需要为团队提供一个清晰的框架，并定期进行沟通，以便在你和团队之间有一个健康的反馈机制。

根据我的经验，许多领导者很难放手让其他人承担责任或自主行动。高层领导团队往往会抱怨低层级的组织缺乏能力，这意味着他们不能放心地向下授权。我往往会提醒他们，从内部选拔领导者，锻炼工作能力，指导团队成员，在业务中培养人才，推动发展和提高业绩，这些都是他们的责任。我要求董事会明确哪些是只有他们才能做出的决定，哪些是可以委托给其他人的。如果他们认为董事会下面存在“能力断层”，而不能下放决策权，那我就要求他们尽快将断层补上，比如提拔一些管理层面的优秀人才，尤其是从他们直接下属的管理层人员中选拔人才。

团队合作

维持身体敏捷的核心是协调与平衡，这些素质使你的行动自由且快速。顺利而有效地进行新产品开发，从事客户关系管理，向客户实现价值等都需要跨职能的调度和协调，以及团队之间顺利的交接沟通。

为了实现有效的跨职能合作，我们首先要确保每个团队都能很好地工作。在敏捷软件开发中，团队是工作的基本单元，每个单元都需要明确自己的目标、角色、工作方式和高质量关系。

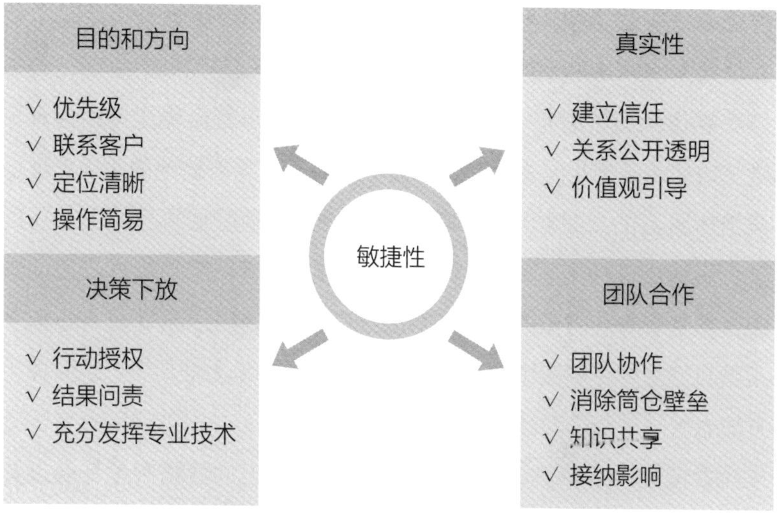

图1.3　其他相关的领导力因素如何促进敏捷发展

领导责任的核心是组建多技能的团队。这样的团队可以在短时间内提供可观的成果，实现自我管理，且能够通过不断学习提高团队的速度与质量。我们将在第三章中进一步探讨实践中的敏捷工作方式。

一旦建立了强大有效的有交付能力的团队，就能进一步扩展工作方法和途径，在不同团队和不同职能部门之间创建更广泛的合作，致力于交付过程和交付体验的整合。最后，我们还需要进一步扩展与组织外的伙伴进行有效合作，例如汽车制造业的集成供应链，或像智能手机应用程序开发的软件生态系统都涉及组织外的多领域合作关系。所有这些都在图1.3中进行了总结，显示出每一个整合性的领导因素如何帮助你成为敏捷的领导者，并在外围拓展出更多的敏捷性。

本章小结

在这个数字时代，我们比以往任何时候都更需要变得敏捷和灵活。敏捷领导者也是整合型领导者。整合型领导者创建的组织能够适应前所未有的变化和客户期望的改变，不断地发展自己。但矛盾的是，敏捷型领导者同时还是打破者，他们愿意挑战和改进自己的组织，尽管有时还需要获得同事的支持和合作。整合领导力的五个因素帮助我们理解在实践中这意味着什么——既要成为推动者，也要成为打破者。

在阅读本书的其他章节之前，明确你自己的性格和偏好会很有帮助：你是一个偏向推动赋能的人，还是一个更愿意挑战现状的人？表1.1中的简单问卷可以帮助你认识自己——仔细阅读下面两列中的描述，哪些描述符合你的自我认知？哪些描述你能给出肯定回答？然后把它们分别加起来，看看哪一列中你得分更高。了解自己在哪些方面做得比较好，可以充分发挥自己的特质；同时知道哪些方面做得不够好，需要发展较弱的方面，带着这些理解去阅读本书后面的章节，这样你就可以成为一个更平衡的敏捷领导者。

敏捷性包含物理层面与思想层面的双重特质。我们需要用一种不拘囿于当下的心态来思考组织的未来，应对变化多端的环境。一旦我们开始敏捷地思考，就可以用敏捷的方式行动，创建一个联系紧密的组织，可以根据环境的要求突破我们现有的运作模式。理解和把握敏捷悖论常常是不容易的，有时它就存在于混乱的边缘。而作为领导者，在面对一个非连续的环境带来的复杂性时，又要寻求一种稳定有效的管理方法。我将在整本书中关注这些主题，并探讨和帮助你理解如何迎接这一挑战，以及引导他人也能够进行有效的领导。成为一名敏捷领导者不是一蹴而就的，如果事情那么容易，那么所有人都早就这么做了。

表1.1　诊断性问卷：你是推动者还是打破者？

推动者的行为	打破者的行为
1. 我和大家谈论我们的目标，这样我们就能分享强烈的感受：为什么我们所做的事情是重要的 2. 我提供清晰的方向，以确保整个组织的优先级一致 3. 我经常与客户联系 4. 我经常表现出真诚可靠的品质 5. 我有能让他人感同身受地了解必须改变的交流能力 6. 我经常下放决策权，让员工也能站出来做决策 7. 我指导团队的发展能力，并承担更多的责任 8. 我能有效地把不同的人聚集在一起，合作实现共同的目标 9. 我鼓励人们从错误中学习 10. 我能看到别人的过人之处，并培养这种能力	1. 我了解客户体验的发展趋势 2. 我经常挑战现状 3. 我冲破官僚主义束缚，重新构想高效率的运营模式 4. 我打破筒仓壁垒效应，挑战社群思维 5. 我有创造性思维 6. 我很大胆，接受激进的可能性 7. 我对未来十分乐观，充满信心 8. 我决心取得突破，完成使命 9. 我能迅速适应外部环境的变化 10. 我鼓励别人突破界限，找到做事的新方法

参考文献

1. Abi Research（2013）, https://www.abiresearch.com/press/more-than-30-billion-deviceswill-wirelessly-conne/（last accessed October 2017）.
2. Adweek（2016）, Here's how Airbnb disrupted the travel industry, May.

Botelho, E L, Rosenkoetter Powell, K, Kincaid, S and Wang, D（2017）, What sets successful CEOs apart, Harvard Business Review, May-June.

3. Cirrus/Ipsos（2017）, Leadership Connections 2017, research paper, Cirrus, London.
4. Cox, R H（2002）, Sport Psychology: Concepts and applications, 5th edn, McGraw-Hill, London.
5. The Economist（2017）, A different breed of unicorn, May.
6. Fortune（2017）, Q&A with Brian Chesky: Disruption, leadership, and Airbnb’s future, March.
7. Hayward, S（2016）, Connected Leadership, Pearson, London.
8. Lin, C-T, Chiu, H and Tseng, Y-H（2006）, Agility evaluation using fuzzy logic, International Journal of Production Economics,101, pp 353-68.
9. McKinsey（2015）, Why agility pays, McKinsey Quarterly, December.
10. Oxford English Dictionary（2017）, definition of “agile”.
11. Sheppard, J and Young, W（2006）, Agility literature review: Classifications, training and testing, Journal of Sports Sciences, 24（9）, pp 915-28.
12. Sheppard, J, Young, W, Doyle, T, Sheppard, T and Newton, R（2006）, An evaluation of a new test of reactive agility and its relationship to sprint speed and change of direction speed, Journal of Science and Medicine in Sport,9, pp 342-9.
13. Stiehm, J and Townsend, N（2002）, The US Army War College: Military education in a democracy, Temple University Press, Philadelphia, PA.
14. Walumbwa, F, Avolio, B, Gardner, W, Wernsing, T and Peterson, S（2008）, Authentic Leadership: Development and validation of a theory-based measure, Management Department Faculty Publications, Paper 24,University of Nebraska – Lincoln.

第二章　成为敏捷领导者

引言

作为领导者，需要在创建一个更敏捷的团队的过程中扮演催化剂的角色。在后面的章节中，我们将探讨如何改变和革新工作方式及组织的整体文化，使商业活动变得更加灵活，更好地在这个快速变化的数字世界中蓬勃发展。我们将逐步讨论敏捷性对领导者、团队及整个企业来说分别意味着什么，为什么它很重要以及如何实现它。

让我们先从领导者开始。员工是否会接受敏捷的工作方式，是否能各司其职地构建智能学习文化（intelligent learning culture），领导者是关键。你的心态、思考方式、决策方式和行为方式，以及你如何即时回应他人——这些都影响着员工如何表现、决定优先事项以及时间和精力的投放。作为领导者，你就是决定团队或组织能否变得更加敏捷的催化剂和关键因素。

自我思考

阅读本章时，请思考如下三个问题，将有助于你提炼成为敏捷领导者的核心观点。

- 下文的四种特质中哪一个是你需要特别关注的？
- 你每时每刻都怀有学习和开放的心态吗?
- 作为领导者，你给企业的运作施加了什么样的影响？它又导致别人做了什么或不做什么？

从你开始

让我们把注意力集中在作为领导者的你身上。作为一名领导者，你如何培养和实践敏捷性，成为其他人效仿的榜样？第一章讨论了领导者同时作为推动者和打破者角色分别具有的五种特质，在本章中我们关注以下四种特质：

1. 学习敏捷性；
2. 同理心；
3. 深思熟虑的决断力；
4. 数字素养；

前两种是作为一个推动者所需的特质，你需要不断学习，以同理心行事，获得支持，促进协作来推动改变。后两项主要是你作为一个打破者所需的特质，你需要做出大胆的决策，抓住数字技术创造的机会跳出窠臼，实现创新。

敏捷领导者的首要特质是要不断保持敏锐的学习能力。回想一下第一章中我们提到的那些敏捷的运动员，他们能够轻松快速地移动是基于他们的认知能力和身体素质，基于对形势的认识与反应能力，以及敏捷移动身体的体能。只有每时每刻对学习保持开放，你才能具有优秀运动员的这些素质。此外，作为领导者，学习不仅指自我的提升和自我管理能力，更重要的是你与他人高效互动、建立信任的能力。建立信任所依赖的情商，以及乐于接受反馈的心态，都对培养领导者的敏捷力有重要作用。因为与经常独自行动的运动员相比，领导者是领导一个团队。你处于一个“金鱼缸”中，你的领导力正在被其他人观察和解读。当员工寻求与你的优先事项保持一致时，往往会从积极的角度来理解你，但他们在评价你时，会持较为怀疑的态度。

因此，要成为一名敏捷领导者，需要具备一定水平的同理心和共情力，具备建立、维护健康关系的能力，从而培养团队精神。建立一个协作性的工作环境需要信任和高质量的关系；相反的选择则是建立筒仓式（Silo）的环境，这种环境中更容易滋生小团体式的忠诚。根据我多年的工作经验和调查研究，这种部落忠诚主义的工作环境在大型机构组织更多见。普华永道2016年的报告（Staak&Cole, 2016）中说："打破筒仓壁垒是盈利的关键。"这项针对300多名零售业和消费品首席执行官的全球调查发现，只有18%的运营者消除了运营壁垒，能够实现并给顾客提供全渠道无缝的购物体验。"那些打破了筒仓壁垒的执行官们对营收增长和利润增长抱有更大信心，他们预计的营收增长值为59%，利润增长值为63%，分别高于所有执行官预计的营收增长平均值48%和那些还未打破筒仓壁垒的执行官们预计的利润增长值43%。"顾客在与一个组织的不同部门的互动中更希望获得无缝体验，但内部的阻碍和不和谐的跨部门关系往往使其不能实现。敏捷领导者有责任及时发现问题，清除阻碍。

让我们再次以那些表现优异的运动员为例，他们在赛场上快速地作出决策，为自己创造优势，这就是他们的核心竞争力。因此，能够快速读懂形势并采取合理的应对措施，这种决断力是成为一名敏捷领导者的第三个重要特质。这还有赖于个人的学习敏捷性，对周围情形的快速感知力和在信息含混不清的情况下确定正确行动方针的能力。

思考和决断力也是成为优秀打破者的关键因素。当你分析和应对变化多端的环境时，你是选择随大流，还是选择跳出窠臼，脱颖而出，引领商机？你可以挑战既定规则，更新工作方式，改变盈利或向顾客提供服务的方式。但很多时候，你选择的道路可能走不通，或者你的团队成员倾向于墨守成规，不愿冒险。这时，你的思考和决断力就是关键：经过深思熟虑后，你决定带领团队打破什么，在何处创造新价值，怎样选择冒险的时机，这些决定是团队取得成功的关键。

第四种特质是数字素养。你是否了解不同形式的技术知识？对于那些通过各种移动设备与你进行业务沟通的客户，以及从事数据工作的员工和同事，你是否能够理解他们的需求？在一个数字化的世界，缺乏数字素养的人将很难成为敏捷的领导者。当技术进步在生活的方方面面都快速前进的时候，若缺乏相关知识，一个人将会越来越跟不上时代的步伐。

1. 学习敏捷性

哥伦比亚大学的研究表明，“学习敏捷性是一种思维模式，也包括在此思维模式下做出的所有具体行动。具备这种特质的领导者会不断成长，会采取新的战略，解决组织面临的日益复杂的问题”。（Burke et al, 2016）当周围环境发生变化时，若能更快速、有效地学习以往的经验，我们就会更加敏捷。所以，我们需要有思考的时间和空间，去理解自身情况，去探究我们正在经历的事情，来抓住机遇、应对威胁。

只有通过不断学习，才能变得更为敏捷，特别是当我们处于全新的环境下，或遇到新问题的时候（De Meuse et al, 2010），这就是学习敏捷性的含义。如果在一个企业中，旧的工作方式失效，既有的规则发生改变，只有快速适应新环境才能保障企业的生存和成功。此时，作为领导者，保持敏捷性至关重要。学习敏捷性不仅在于对事物的好奇心和对以往经验的学习能力，也在于将这些能力付诸行动，提升工作绩效。

那么，如何提高学习敏捷性呢?第一步是寻找更多的机会从经验中进行学习，从而获得新的工作灵感，体验新的工作方式。在企业里担任非执行职务会获得新的体验，特别是在需要面对多行业或多客户的企业中效果更佳。第二步是为学习的过程创造理解消化的时间和空间，将个人的内在成长与企业业绩结合起来考虑。思考的形式有多种，可以用笔记记录自己的想法，或者将自己的想法展示出来与他人分享，也可以与同事、朋友或导师一起讨论，因为讨论的过程有利于加深对问题的理解；也可以收集更多反馈，了解他人眼中你是怎样的形象，是如何行动的，以及对他们产生了什么影响。

从我多年与多位企业高管共事的经验来看，有一件事再清楚不过：如果高层管理者不能从经验中汲取教训，那么他的人生滑铁卢已近在咫尺。有这样一个例子，一家英国政府机关的首席执行官被解职，原因就在于他没有适应新上任的董事会主席的工作风格，两人未能很好地磨合。这位新主席有着非常强势、突破常规的工作方式，而执行官未能与其建立有效的合作关系，而招致了渎职的指控。流言甚嚣尘上，而这位首席执行官却固执地认为，该机构的制衡机制过去几年一直运转良好，这次也将有惊无险，而事实证明该机制存在严重缺陷，不能应对当前的情况。迫于压力，董事会主席最终辞职，首席执行官本想着有机会重新树立权威，但他的个人声誉已经受到了严重影响。这位执行官最后也丢掉了工作，虽然问题的源头可能并不在于他，但这件事可以证明，他的快速学习能力和作为领导者的适应能力不足以应对新的形势。

反馈与学习

在工作中，我们会讨论如何通过积极的反馈来提高工作效率。我和我的同事们经常在重要的客户会议、演讲或活动结束后相互反馈，一般是我主动问他们情况如何，有哪些特别出彩或有待改进的地方。这种交流对我来说很有帮助，通过相互反馈，我们可以明确在今后处理类似工作时如何改进。另外，我也意识到，对于一部分同事，尤其是公司新人来说，这种主动询问的方式可能令人生畏，不一定能帮助我获得真实的反馈，取得满意的学习效果。所以，有时我还需要收集同事们对我的交流方式的反馈，然后做出相应调整。

我所要做的是向员工推行反馈文化。在反馈文化中，交流是基于同理心，各方表达的是真实的想法，这样我们就可以确定做得好的地方和不足之处，并找到改进的方法。“行动—反思—学习”这一循环过程构成敏捷性的核心内涵，也是为了追求更快的行动速度和更高的产出质量。需要强调的是，我们要以积极的方式对待反馈，才能从中获益。人们对反馈常常有两种反应：一种反应是，如果我们认为反馈是负面的，就会将其视为一种威胁，进而对其视而不见，或想要远离它；另一种反应是，如果我们认为反馈是正面的，就会把它看作是一种奖励，这时大脑会释放多巴胺，让我们靠近它。这两种态度都是不可取的。

在数字时代，传感器应用于生活中的方方面面，从监测火山喷发，到酒吧服务提升服务质量，信息反馈已经成为常态。敏捷工作模式下，我们需要建立类似的反馈机制，来追踪客户对产品的反应、客户的购买模式和竞争对手的活动，来了解和认识同事的积极性、我们自己的行为及其对他人的影响。我们要善于接受反馈、寻求改进的方法，并且调整内心可能出现的抵触情绪。如此，我们方能不仅乐于接受他人的反馈，也能给出有益于他人的反馈。我们要以一种平和的心态处理这些信息，努力去了解我们可以从中学到什么，而不是为自己的行为做出辩解。

领导者的权威与积极接受反馈这两者并不冲突，反而是互相促进的。客户对于你的行为或者公司产品表现给出的反馈，有助于你不断地学习，进一步改进产品。这些反馈关乎你的行为或公司产品性能，而不在于你个人或公司的内在价值。如果你已经在组织中建立一种文化，鼓励人们寻求、重视反馈，并将反馈视为一种例行工作，那么你就拥有了提升绩效的强大武器。“反馈是一件礼物”，这是一句古老的格言，但它所言非虚。技术手段使我们能更加便宜地获得反馈，数字时代的反馈流呈指数级增长，反馈将变得越来越重要。

在这个数字时代，许多针对成功高管的研究都表明学习敏捷性的重要性。技术手段日新月异，新事物和变化层出不穷，学习敏捷性，即对模糊信息的理解能力和在不确定的情况下做出正确决策的能力，在这个时代尤为重要。它需要我们保持好奇心，将不完整的信息建构成连贯的理解和认识，从而做出高质量决策。“学习敏捷性高的领导者愿意追求新体验，从而得到收获和成长。他们享受在新情境中面对复杂问题和挑战的状态，对这些问题和挑战充满兴趣。他们愿意在工作中使用新技能，从而拥有更出色的表现”。（Hallenbeck et al, 2011）反馈是学习的关键来源之一，如果我们将反馈作为刺激学习的动力，我们就能锻炼出“学习肌肉”，使之变得更加敏捷。

2. 同理心

同理心是一种理解和感受他人的能力。作为领导，有同理心能让你与他人换位思考，并据此采取行动回应对方。这反过来又有助于培养信任，因为其他人相信你在决策时会考虑他们的观点和感受，并据此做出决定。

建立信任

正如第一章中提到的，要使敏捷领导力发挥作用，信任是基本要求：员工和领导者相互信任，团队之间也要相互信任。信任与信心有关，信任某人，就会相信他能够言行一致、言出必行且为人可靠。（Covey, 2006; Reina and Reina, 2010）信任，即相信他人诚实正直，行事公正，有条不紊，让人安心。因此，便能信任他的为人处事，哪怕当你不小心坠入深崖时，相信他也会从始至终紧握那根绳索。

为什么信任如此重要？因为敏捷性需要人们去尝试，不断学习，快速行动，适时做出改变，无须顾虑过多。建立深度信任，可使人安心地实践和冒险，但这并不是件容易的事。信任的产生并非偶然。建立信任需要努力和时间，作为领导者，要让员工相信自己处事公正，这样他们才有动力做好分内之事。在数字时代，我们常常与他人在线上合作，双方可能未曾谋面。在虚拟世界中建立信任更为困难，但却越来越重要，这个问题需要我们进一步去关注和讨论。

作为领导者，给予员工更多的信任是增强他们对整个领导层信任的良好开端。我在工作中曾接触到某些大型企业，这些员工对领导层的信任远远不够。这些企业的员工参与度调查结果显示，他们能够与同事和谐相处，工作上也算得心应手，但他们不相信上级领导会公正行事，甚至怀疑领导的能力。在这样的环境中，很难使企业实现敏捷运营模式。

从更加信任他人开始，便能创造一个加深信任的良性循环，从而使员工能更有信心去冒险、尝试和学习。反之，学习能使他们能力更强大，从而更大胆地去做事，更高效地去行动。我们多次听过成功之人谈及他们事业中的“贵人相助”，就是那些给他们提供缓冲空间、信任并放手让他们尝试的人。作为领导者，尽可能多地给予员工机会，或创造机会，让他们脱颖而出，也是与有荣焉。

从另一方面来看，领导自身也要让员工觉得你值得信任，员工越信任你，他们就越愿意冒险，越愿意寻求你的支持。而要想让员工信任你，你需要有一定的能力，表现一以贯之，并且在交往中始终保持真诚和正直。于我而言，也是如此，我必须确信你是个行事稳健、公平公正的人，我才会信任你。如果你捉摸不定，那我就不会冒险。比如我要去“跳崖”，我必须确定你一直会在悬崖下面接住我，你会排除种种困难和阻碍，你在讲述这件事时足够尊重我，那么我才可能愿意去冒险。否则，我会变得谨小慎微，选择更为保守或随大流的做法。

获得他人信任的另一个关键在于，你讲述的故事必须是连贯的，事情是什么样的，你为什么这么做，你想要做什么，为什么这样做是重要的，以及把事办成最重要的是什么。我想以曼彻斯特大学近年来经历的一次重要变革为例来说明这一点。这所著名大学自1824年建校以来，培养出了25位诺贝尔奖得主；它拥有近40000名来自世界各地的学生，12000名教职工，是英国最大的学生社区和最大的单校区学校。领导这次变革的是时任校长南希·罗斯韦尔爵士（Dame Nancy Rothwell）。罗斯韦尔教授对当前的形势有着清晰的认识，她构建了一个连贯的叙事框架，赢得了全体教职工和学生的信任。“我们正面临前所未有的外部变化，我们需要敏捷地应对这些变化，”她说道，“敏捷指的不仅是我们应对外部变化的能力，还包括我们需要认识到在我们组织内部必须做出哪些改变，并且积极地去做出这些改变。”当时，该校投入了10亿英镑升级教学楼和设备、进行IT系统转型、转变学校发展方向以及优化学生体验。罗斯韦尔校长认识到，在学校面临重大内部变革和外部挑战之际，她需要具有“强大的领导力，需要一个有效的叙事，能够将变革带来的好处和机遇以及学校因此可以取得的成就清晰地呈现出来”。罗斯韦尔的叙事框架让全体教职工相信这些变革有明确的方向和目的，她的领导凝聚了信心，从而得到了全力支持。

高质量人际关系

对于一位领导者，与周围的人建立高质量的人际关系，与你所在团队或者与一个规模更大的企业建立高度的信任关系，是至关重要的，也是敏捷领导力的核心所在。因为相互信任的关系能够帮助你创建一个凝聚力强的企业，能够根据环境变化进行一致的调整和协同行动。敏捷企业就像一个有机体，可以根据周围生态系统的重大变化，自主地调整方向。从企业的角度来看，这些变化很可能由技术驱动，比如客户体验数字化，或者全球供应链系统网络化。如果没有稳固的关系，当需要短时间内协同完成工作时，企业运转就很可能中断。那么，如何灵活、智能地建立起使企业联系紧密的关系？过去25年的大量研究表明（Goleman, 1995；Newman and Purse, 2011），情商是领导者发展和维持高质量人际关系能力的关键指标。

你可能评估过自己的情商，也有可能你对这个话题还不太熟悉。但不管怎样，你对以下几个问题的回答是什么？回答以下问题时你是否自信？这些思考能帮助你了解自己的情商。

- 你是否了解自己的情绪？是否了解自己对各种刺激的反应？

- 你是否能在情绪激动时控制自己的情绪？是否能在情绪激动时保持冷静？
- 你是否知道如何与他人打交道？是否知道自己给他人留下了何种印象？
- 你是否知道如何与他人打交道才能有利于这段关系的发展？
- 你是否能正面地积极地发掘他人的优点？是否能高效地解决问题？

以上哪些问题你能响亮地回答“是”，哪些问题你可能会犹疑，这些都值得你去进一步思考和反思。

有几种精心研发的分析工具可以用来衡量你的情商，这些工具通常由职业心理学者提供，其中一个特别相关的工具是由纽曼和佩斯发布的《情感资本报告》（*Emotional Capital Report*, Newman and Purse, 2011）。人们的情商高低各不相同，很典型的例子是，经理的情商往往要比他所管理的职员情商要高。我需要指出的是，在心理学上，关于情商究竟是独立存在还是一种性格，以上两种说法哪种更加可信的辩论依然如火如荼地进行着，学术研究也正在试图给出解释。无论我们认为理解自身情绪的能力和与他人建立良好关系的能力是由独立存在的情商还是由性格决定的，我们都可以从这部分的讨论中获取三条经验：

一、在已经树立良好的自我意识和掌握优秀的人际交往技能的基础上，发挥自己的优势。然而，重要的是不能过分强调自己的优势，否则反而会破坏自己的表现，这很关键。例如，过分强调驱动力会发展成不择手段的野心，对细节重视过度会演变为吹毛求疵。

二、学习自己薄弱领域的相关技能，因为这可能会阻碍你创造高质量人际关系。例如，你可能同理心不强，所以有时表现得很冷漠，意识不到重视他人情绪的重要性。

三、创立一支能力互补的团队。强调求同存异，并认识到队员之间存在的互补性将大有裨益。例如，如果你的团队中有十分乐观的同事（如果这不是你的优势之一），将有助于队员团结一致，一起向前看，寻求解决方案，而不是在问题出现时停滞不前或放慢脚步。

我曾经和某董事会主席共事，他非常自信且独立，但缺乏同理心，且不擅长处理人际关系。他能提高企业的绩效，并且善于在一线指挥工作。然而，他并不擅长带领大家一起工作。幸运的是，董事会里有两位同事的同理心很强，在需要解释团队做出的一些决定可能会对员工产生什么影响时，这种事情我经常交给他们去做。一旦执行官意识到这个问题可以使团队进步而不是拦路虎时，他就更乐意让整个团队去讨论这个问题。同理心强的同事感到自己受到了更多的重视，在团队中表现也变得更好，他们在带动其他同事参与到更大型的变革项目中时就会更加高效。若执行官在商业洽谈中运用了这种洞察力，了解其他人对事情的感受，他的信誉和声誉就会因此大大增加。

因此，了解自己的情商可以帮助领导者与关系密切的小团队及与更广泛的组织部门之间建立更紧密的关系和更深的信任。这反过来又能增加联系，使组织运转更加灵活，并且能够提高绩效。

3. 深思熟虑的决断力

高绩效的首席执行官们脱颖而出，并不是因为他们总是做出出色的决定，而是因为他们非常果断。他们做决定更早，更快，更有信心。即使是在情势不明朗、信息缺失和面对非熟悉领域的情况下，他们也是一直如此。有数据显示，那些被认为“果断的”人当上高绩效CEO的可能性是普通人的12倍（Botelho et al., 2017）。该调查分析了2000位CEO的评估数据，是什么让最出色的CEO比普通CEO更加成功，哪些品质和能力起着决定作用。果断力之外，最成功的领导者具有的品质还包括：乐于与相关人员交流，快速适应变化的环境，值得信赖、为人可靠。

研究表明，最有效的决断力包括五个步骤，这些步骤揭示了决断力如何帮助我们以明智的方式变得更敏捷。五个步骤如下：

1. 间歇；
2. 商讨（与值得信赖的顾问和专家）；
3. 决策；
4. 执行（满怀信心，快速行动）；
5. 反思。

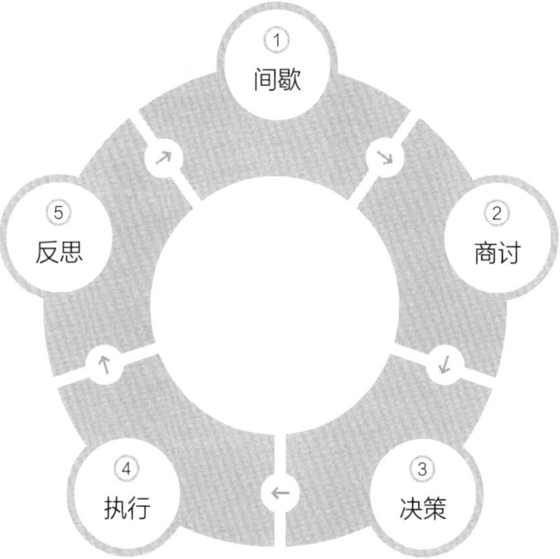

图2.1　深思熟虑的决断力

如图2.1所示，这些步骤描述了一种既考虑周全又确保速度的方法，它确保企业具有敏锐的方向感，在共同的清晰目标下采取快速的行动，来应对发生的改变。这种方法能让你放慢思考的速度，在紧张的状态下创造反应的空间和时间以便更敏捷有效地做出决策。它基于现有的信息，进行权衡、分析，最终做出明智的决策；在具体的情境下，这些决策可能需要打破现有的规范，这时，领导者扮演的是破坏者的角色。

有趣的是，研究表明，果断决策力与高智商并无联系，实际上高智商有时会妨碍快速地决策，因为非常聪明的领导者更容易陷入更加复杂的问题，往往在决定行动前希望得到一个完美的方案。这些行为会让聪明的领导者在企业中遭遇瓶颈，减缓决策的速度，从而放慢整个企业的运行速度，最终影响企业的敏捷性。因此，高智商并不一定能促进果断的决策；有时甚至会起反作用。

然而，你如果确实智商很高，这也不失为一种优势，因为你能学习以上五个步骤，通过训练让自己变得果断。停下来，深呼吸，去反思，去感受那些发生在周围的事情，给自己时间和空间去加深对它们的理解，这是敏捷领导者拥有的重要技能。我们往往在假期中产生了新的灵感，或者在长途旅行结束时对面临的机遇和挑战有了新的理解，这样的经历你多久没有感受到了？当然，当我旅行归来，提出新点子的时候，我的同事们常常会感到有些怀疑。所以，最重要的是和值得信赖的顾问、专家一起商讨，完善这些想法，充分汲取他们的见解，最终形成一个更可靠的方案。

如果我们能把自己的想法表述得直白点，方便向外行人解释，那么我们就能更好地把握机遇和应对风险。这样一来，我们就能更好地做出正确的决定，决定要追求什么样的理念，以及如何去追求这种理念。更重要的是，如何实现从“我的想法”转变为“我们的决定”，通过这种转变有效地开展工作。需要明确的是，最终做出的决定是由我或决策负责人来承担责任的，其他员工参与的是图2.4中的第四个步骤，即自信地执行决策。反之，如果领导者过于谨慎或信心不足，员工的行动会变得迟缓，导致工作效果不佳。最后，公司有必要开展定期审查，及时发现判断失误或不明智的行为，并提出调整和修改方案。

什么是思维敏捷性？思维敏捷的人常常会对新奇、复杂的事物感兴趣。他们喜欢深入研究问题，探索问题的意义；同时也擅于简化问题，看到事情的本质。他们擅于向别人表达自己的观点，既能清楚地解释自己的观点，也能准确理解他人的想法。思维不够敏捷的人则不擅于应对不明朗或复杂的情况。他们更多时候会选择墨守成规。他们可能很难清楚解释自己是如何持有某种想法或做出某种决定的（Lombardo & Eichinger, 2000）。我们无法改变我们的智商，但我们可以培养新的习惯，挖掘新的特质，比如深入研究问题、快速掌握周围情况、简化各种问题的能力。在变幻莫测的数字时代，我们可以通过觉察练习（mindfulness）等技巧，提高思维敏捷度，擅于把握心理时间，创造心理空间，帮助我们在变化的、复杂的情况下做出决策。

做决策前要想深入了解情况需要时间，上述有关成功的首席执行官的研究表明，成功的领导者往往会花更多时间（大约一半的工作时间）为长远发展做打算，而碌碌之辈的思考时间可能不到30%。那些成功的领导者会花费大量时间思考企业的未来，也会频繁咨询顾问和专家。当遇到严峻的挑战时，他们会暂时停下前进的脚步，留给自己充足的思考时间，想出更好的应对方法。和顶级运动员一样，即使在重压之下，他们仍有充足的时间可供支配。其实，只要你愿意投入足够多的时间，不被每天的日程束缚——我遇到的许多高级经理似乎都深受工作日程之苦，你也可以像他们那样去思考未来。

要想为高质量决策预留更多的时间，你可以选择缩短会议时间。根据我的经验，一个公司的规模和领导参加会议的集中度有直接的关系。许多规模较小、创业精神较强的公司会尽可能缩短会议时间，把会议内容集中在关键议题上，并且只要求必要的员工与会。而在大公司里，经理们常常一整天都在不停地开会，很少有时间进行思考，或为长远做打算。如果没有时间去思考和学习，就很难进步，也很难及时地做出高质量的决策。

我曾与一位零售行业的首席执行官共事过，她把主要的商业会议安排在了周一，这样她的团队就会在那天集合，而其他不需要她出席的会议则安排给了其他人。除了日常办公，她还专门留出一些时间倾听分销中心同事和客户的意见，并且每月会与更广泛的领导团队一起举行半天会议，讨论公司正面临的挑战以及解决方案。她既是倾听者、咨询者、学习者，也是参与者。

她还从觉察力练习（mindfulness）中受益，在一天中的某些时刻，她将之视为“觉察时刻”，重新明确各项事情的轻重缓急，给大脑时间和空间来保持平静，让自己的思维更加敏捷。例如，从早上刚起床的几分钟开始，她放慢呼吸，思考自己今天想成为什么样的人，想获得什么样的体验以及在与他人互动时给予对方什么样的感受。周一上班前，她会确保自己已经为即将参加的每一场会议做好准备，清楚会议需要讨论或决策的议题。她缓慢地深呼吸，让自己有目的地思考。她清楚自己的目的，也清楚如何才能带动团队进行最富有成效的讨论，为此她会事先思考一到两个对议题最有帮助的问题。

她还会留出时间和业务伙伴一起吃午饭或在街区附近散步。她每次都会做一些准备，这样就能够知道每次谈话的重点，一针见血地提出问题，倾听对方说了什么或遗漏了什么，她从这些交流中不断学习。同时，在她的影响下，她的同事也能创造觉察时刻，让自己有效率地思考，而不是成天忙忙碌碌。她有意识地采取一些技巧让办事节奏慢下来，让自己的思维慢下来，而不是让自己一直应接不暇于各种事务。通过放慢速度，她可以更敏捷地处理最重要的事情，专注于那些对业务最重要的少数决策。

我们可以试想，最终，这位首席执行官将和其他董事会成员一起，以适当的节奏和充分的信心，做出职责范围内的战略决策。同时，她会积极广泛咨询业内专家，以获得平衡的见解。这位首席执行官已经在自己的节奏和日常安排之间、在实现业务目标的考虑和长远发展的战略计划之间找到了平衡。她认识到需要平衡可靠性和灵活性，始终如一、持续地提供产品和服务，同时对市场趋势持开放态度，并适应它们。这种姿态给她和她的团队提供了前瞻性思考的空间和明智决策的先机，帮助她们及时调整业务方向，抓住新出现的机会，或应对竞争威胁，或实现技术转移。最后，采用那些经过深思熟虑后得出的方法，她们会更有底气地执行决策。

4. 数字素养

我想探讨的最后一种特质是数字素养。接受敏捷商业模式的挑战，需要成为数字世界的参与者，而不是旁观者。需要对数字工具足够熟悉，对数字化有着强烈的敏感性，以此来加速公司运作的周期。布朗公司（英国大码女装品牌）是一家在线零售企业，在该企业转型的过程中，公司的首席运营官安吉拉·斯宾德勒（Angela Spindler）

描述了在过去三年里，如何大幅缩短更换产品和网站布局的时间，从几周、几天、几个小时，到现在的几分钟。这既需要一种强调整合的管理方法，来获得同事对工作方式根本性改变的认可和接受，也需要一种颠覆性的方法，从根本上挑战组织运行的流程。

2015年的一项研究显示，“数字化改革的领导者比起一般领域的高层领导者，更不容易受到官僚主义的束缚的比例高出56%；他们之所以能够成功地做出改变，部分原因在于他们对那些阻碍改变的过时程序没有兴趣”。（Russell Reynolds, 2015）数字化领导者更愿意挑战当前的规则，思考常人难以想到的事情，以便在客户体验和组织运作流程方面实现创新突破。你需要反其道而行之，挑战先入为主的观念，倡导生产力方面的逐步革新，尽管这些改变在别人看来并不合理。你还应该记住敏捷领导力悖论，需要让人们参与到变革中来，在你所做的事情中建立一个清晰的目标感，以及为什么它是重要的，为什么这些能帮助你的团队建立信念，更坚定地支持你的变革。

如何使组织在数字化方面变得更加敏捷？贝恩（Bain）咨询公司2015年的研究提出了非常有趣的结论。（Berez et al., 2015）该研究将组织的数字化过程描述为“重启IT组织”，并且确立了实现这一目标的三个重要方面，尽管它们的重要性有所差异：“一致的优先级”、“敏捷的IT运营模式”及“可负担的成本”。首先，在清晰的业务战略和预期的客户体验驱动下，我们应该把共同认可的创新方法和IT优先级摆在重要的位置。正如我在另一本书中提出“整合领导力”（Hayward, 2016）这个概念时强调明晰的方向和目的的重要性一样，明确我们寻求实现的目标以及为什么它很重要，从而使整个企业的员工都能凝聚在一起进行工作，明确自己能怎样为企业更广泛的目标做出贡献。

其次，贝恩提到的“敏捷的IT运营模式”是指在整个组织中进行战略性统一人才管理，以支持符合目的的开发和运营流程，研发“新一代技术栈”（stack）来提高客户体验。报告强调：领导者们要创造一种企业文化，使技能和人才能够协调运行，在团队中实行更多的权力下放，使团队每个成员的专长能够与其他跨职能团队的专长相结合（我将在第六章中进一步讨论这些话题）。

最后，实现数字转型指的是：在更有效的管理和更精简的交付流程支持下，通过降低成本实现数字转型。如果要成功实现利益最大化，高层领导人需要充分理解数字化转型的重要性。他们还需要不断重新调整投资重点，使之集中在为客户带来最大利益或能够降低成本的领域。这需要果断地确定优先级（我将在第五章中讨论这个主题）。然而，这不仅取决于高层是否能够做出快速有效的决策，还取决于高层是否能创造一种文化；在这种文化中，组织内部所有人都能够参与决策，并按照级别逐层下放，以便使全体员工都能为组织的战略服务（参见第七章）。

因此，数字时代的敏捷性与数字化工作方式密不可分。作为领导者，你面临的挑战是要充分了解技术方面的最新进展，为这些发展提供有效的支持；并且要与客户保持密切的联系，为客户提供优先服务，将资源集中在客户体验中的关键领域。

与不断发展的数字世界保持联系的一个好方法是，积极寻求相关的指导。这些指导既包括职业发展方面的指导，也包括学习和自我发展方面的指导，或者两者兼而有之。领导力导师克拉特巴克将被指导者描述为“一个被引导进行思考而学习的人”（Clutterbuck, 2015）。指导通常是指一个年长的人根据自己的经验和积累的智慧，指导一个相对年轻的人，以支持后者的职业和个人发展。然而，最懂数字化的人往往是那些在互联网、社交媒体及全天候移动体验为常态的环境下生活的人。在此情况下，能给你指导的往往是那些精通网络的年轻人。在你领导的公司中找到一个能够帮助你与时俱进的帮手是非常重要的，这种关系被称为“逆向指导”。你要去寻求这位年轻教练的支持、建议和见解。你可能会发现这种双向的关系是很有帮助的，这样你们就可以建立互相支持的关系。因此，找到一个精通数字化的人，他能启发你对数字化有更深的思考，帮助你思考数字化为你和你的企业带来的机遇以及可能遭遇的威胁。

案例研究

汉弗莱·科博尔德：一位敏捷领导者

汉弗莱·科博尔德（Humphrey Cobbold）是一位杰出的敏捷领导者。从很多方面来说，他的领导生涯是教科书式的。他从剑桥大学本科毕业，在欧洲工商管理学院获得MBA学位，先后在麦肯锡公司（McKinsey & Company）任职15年、三一镜报集团（Trinity Mirror）任战略发展主任、康多福公司（Candover）担任总监。此外，他还担任过自行车和铁人三项用品零售商威骑（Wiggle）的首席执行官。在他任期内，Wiggle的营业额从3300万欧元增至1.7亿欧元，其国际业务拓展至欧洲、澳大利亚和中国。此后，汉弗莱于2015年加入英国连锁健身俱乐部运营商PureGym，并担任首席执行官。PureGym正在英国开创一个经济、灵活、高质量的健身俱乐部模式。

作为领导者，汉弗莱建立了多个能够自我适应、适时改变以促进自身成长的组织，这是他作为领导者的显著特点。他尤其认同“失败是成功之母”的原则，鼓励不断试验、努力创新。在这个案例研究中，我们探讨了一些他的经验以及他对敏捷领导力的看法。

敏捷领导力意味着什么？

汉弗莱重视试验，他认为试验可以鼓励学习，创造客户价值。“我认为敏捷的关键是反应迅速、善于尝试和测试新事物。你可以在限定失败成本的条件下勇于尝试，将试错的成本保持在一个合理的水平，然后去尝试。从尝试和测试中学到的东西比单纯从战略分析中学到的多得多。当然合理的战略分析也十分重要，但更关键的是勇于尝试。然而，并不是你的所有尝试都是对的，你也需要习惯实验会出错或失败这些可能情况。”

为了在组织中培养试验创新能力，组织需要一位能够接受员工失败的首席执行官。汉弗莱意识到，高层管理人员需要接受失败只是成功路上的一个挫折而已。“我自己也曾经提出过一些失败的想法。当这种情况发生时，你必须承认你的错误。没关系的，坦然承认‘我们尝试过了，不过没有成功，我们会终止这个项目，但我们从中也吸取了一些经验教训。’”

失败是成功之母

汉弗莱说，管理失败风险的能力也是建立敏捷领导力的一个方面。“小范围进行测试，如果失败了，那就停止这项测试。不再考虑这个项目，继续做下一个项目。敏捷不仅意味着创造，也意味着懂得放弃。”这种对于优先级的冷静判断以及必要时提前终止项目的能力是风险管理的关键部分。

“我试着确保人们习惯尝试，接受‘吃一堑，长一智’的观点。”失败不是耻辱，尝试和测试是必要的，我们不需要纠结于那些失败的尝试。

举个例子，当Wiggle将业务拓展到国际市场时，最初的业务重点在法、德、日、澳四个市场。Wiggle一开始设置了法语、德语版本，“因为法、德离英国更近”。但事实上，业务在日本和澳大利亚发展得更好，随后他们才设置日语翻译版本，提供货币承兑汇票，解决高效低廉的产品运输问题，业务最后得以如火如荼地发展起来。汉弗莱回忆道：“我们并没有为法国和德国市场表现不佳而懊悔不已。事实上，很长一段时间以来，我们没有纠结于自己的误判，因为我们只关注有效的事情，尽可能地让它们成功。”这种方法体现了汉弗莱的心态和胆识：勇于尝试，不要对失败感到不安。“没有人因为法国和德国市场发展不好而被解雇。我们都对澳大利亚和日本市场的发展感到兴奋，所以我们积极开发这些市场。Wiggle在法国和德国的业务现在也发展得很好，尽管在公司的增长阶段，它们并不是最重要的国际市场。”

还有一个例子是Wiggle在网站上设置了客户评论功能。汉弗莱回忆说，设置客户评论的初衷是因为我们认为评论对于顾客有参考价值。然而，这些评论却成了网站内容中最重要的部分，因为目标消费者都知道知名自行车手和铁人三项运动员会从Wiggle购买产品，并且人们喜欢分享他们的想法。“我记得，当有人在网站上提出一些有关产品的疑问时，我们的忠实用户回答得比我们自己的工作人员还要快，这就是一个转折点。”Wiggle网站有1000万用户，这些评论对企业来说非常有价值，因为这个网站是用户下单的地方。正如汉弗莱所说，“对于一个零售商来说，这是向人们推销产品的一个良好开端”。客户的评论成了一个意想不到的优势。我们看到评价功能的效果不错，就会投入时间和精力来让评价系统变得更有效。

自满的危害

汉弗莱强调，打破性（颠覆性）的思维有利于在竞争市场中保持领先地位。他说："我曾在两家市场领先的成功企业中担任首席执行官。当你成功后，就会逐渐安于现状，不思进取，待在舒适区。在一个瞬息万变、发展迅速的市场中，这对于企业来说是一场灾难。如果你一切都进展得很顺利，且停止了投入资金和其他资源进行新的开发，那么你在短期内肯定会赚得更多。因此，在一段时间内，一切都会看起来风平浪静。但最终，你这么做其实是在为自己的衰落埋下种子，因为成功会助长自满，而自满往往带来失败。"

汉弗莱·科博尔德一直乐于走出这种舒适圈。他认为，今天的成功并不意味着明天的成功，要想进步，就得不断努力前进。Wiggle作为英国最大的骑行及其他体育用品经销商之一，专注于开发与客户相关的简单创新，从而增加边际收益。于是，这反过来就又产生了额外的现金流和利润，可将其用于投资扩大业务。正如汉弗莱所说："这是一个非常简单的等式。"

如何激励和吸引员工？

随着Wiggle的逐步发展，他们意识到需要引入外部思维来实现产品更新换代。汉弗莱·科博尔德也意识到，他们需要稳定的员工，但是同时也需要创新者和致力于推动改变的员工，从而让"让车轮步入正轨"。有些时候这就意味着Wiggle会从行业之外引进创新人才。汉弗莱表示："尽管许多业内人士也会创新，但有些业内人士也会阻碍创新。我发现，那些能够从行业外带来实用技能的人，也会为企业带来新的经验、注入新的血液，从而激励新想法的出现，这是十分有价值的。"

Wiggle鼓励员工在企业内部分享彼此的想法和成功的经验。Wiggle的分公司遍布全国，当某一部门取得了某项成就时，这一消息将通过内部通信渠道向整个企业传递。汉弗莱·科博尔德认为，"我们努力创造让员工可以向他人学习的机会和氛围，像是公开地庆祝成功或是承认错误，这些都会激发员工改变和发展的欲望。人们会为新的创意感到兴奋，也应该对面临的失败感到坦然”。

创新的重要性

Wiggle始终强调创新的重要性，以实现用户体验的不断改进。Wiggle为其高级领导层设定了明确的创新目标，每季度进行一次审查。汉弗莱认为无论是个人还是团队，都应设立清晰的目标和期望。“领导者不会想去建立过于繁杂的结构来推动创新，因为要想实现敏捷，就需要快速的行动和低成本。但是，领导者必须将创新视为一个目标，因为如果不做出改变、不进行发展，就必会被市场淘汰。”

汉弗莱将自己看作创新的催化剂：“有些人会怪我主意太多了，但我却觉得这是在夸我。我的部分职责就是创造新的机会，鼓励员工进行丰富的思想交流。我会让员工思考一些问题，或是问他们如何才能提出一些别出心裁的创意。我们企业现在可能发展得是不错，但是我们如何才能在明年或是未来许多年里做得更好呢?”让员工参与到这一源源不断的提问对话之中，是让他们实现突破性思考的有效方法。汉弗莱欣赏那些跳出窠臼的思维，他也会率先改变自己的思维模式，从而鼓励员工进行创新思考。

采取敏捷软件开发方法以拓展业务范围

敏捷软件的开发方法，能以高度的可转移性拓展业务的范围。敏捷软件开发对于PureGym十分重要，因为它将创新集中在了用户群体上。PureGym向用户销售的产品、提供的服务，都是通过网络实现的，因为这家企业旗下的实体健身房并没有销售和盈利业务。它每天会对网站上的小功能进行四到八次部署。“这一点我们是从亚马逊和谷歌上学习到的。尽管亚马逊是一家大型企业，但是它在向市场推广新产品时却十分敏捷迅速。我认为它们是呈现企业敏捷性的最佳案例之一。”

在PureGym，开发人员坚持让同事们把他们想要的产品效果说清楚，他们致力于开发最小可行产品（minimum viable product），不做行之无用的产品开发。

汉弗莱向我们描述了企业员工在开发新产品时的兴奋状态。“他们想要开发出一种全新的产品，但这其实很困难，因为进行测试需要耗费许多时间。我们的技术团队一直在努力地督促我们思考：可行的开发产品中最容易实现的部分在哪里？于是接下来再看看用户是否喜欢这一部分。一旦我们完成了最容易的部分，我们就可以在其上构建其他功能，从而使其变得更为完善。”PureGym深知，如果一个简单直接的产品版本都不能吸引到顾客，那么一个功能多样化的产品就更加不太可能赢得顾客的青睐。

PureGym体现了先理性确定优先次序、再逐步进行开发的特点。“很多大规模的商业计划之所以失败，是因为它们太庞大、太复杂，没有人想到可以从推出最简单的起始版本开始做起。于我而言，敏捷性就是指在某一市场或某一情形中把握新机会的速度。”

拥有丰富经验和教育背景的汉弗莱认识到企业需要一个总体规划，但他也知道，在数字世界中，走一步、学一步、做一步，才是明智的选择。“你看到人们正在使用的产品，于是你就会以此为参照去做更多有效的事情，并停止做无效的事情，以迎合市场需求。你永远不会停下来，也永远不会觉得已经抵达了某一终点。你会不断地改进提供给用户的产品，使其更加完美。”

本章小结

要成为一个敏捷的领导者，能够创建一个敏捷的团队或组织，自己首先要有一定的领导力。你既是一位推动者，也是一位打破者，这一点至关重要。你需要把这个悖论铭记在心，并合理运用于日常工作中。

本章讨论了敏捷领导力的四种特质。由于敏捷本质上是关于学习和适应快速变化的环境，因此，领导者首先要具备的是学习敏捷性。这需要你有一个始终开放的思维，保持探索欲，从你的每一次经历中思考学习、消化吸收，然后将这种洞察力运用于团队领导中，按一个合理的优先次序来开展和管理业务。通过学习敏捷性，你可以带领团队，有效地应对不断变化的市场环境。

其次是有能力建立一种紧密联系的企业文化。在这种文化氛围中，人们互相信任，员工满怀信心，勇于行动和试验，不用担心失败。这需要你拥有同理心和高情商，这样你才能和周围的人建立并维持良好的关系。这还需要领导者积极接受来自针对个人或企业整体的反馈，这样你才能不断学习和提高。

再次是果断的决策力，并坚定地将决策付诸实践。这需要敏捷的思维，并创造时间和空间考虑更长远的计划，而非仅仅专注于眼前的事情。在快速变化的环境中，商机转瞬即逝，你需要破旧立新，思考后果断决策。

最后，你需要掌握数字化知识，从复杂的IT平台转型，到社交媒体如何影响客户购买体验的方式，都要跟上数字化时代的步伐。如果你希望在领导团队时更有说服力，甚至是提出颠覆性的新商业模式，那么你就需要置身于数字化世界，感受竞争的激烈程度。能够帮助你跟上步伐的方法之一，就是找到一位精通数字化的导师或教练，激励你不断学习所有相关的知识和技能。

我们再次以训练有素的运动员为例，来阐述“敏捷”工作理念。运动员通过日常训练提高敏捷度和熟练度，从而能比竞争对手更有效地辨识情况，更快速地做出反应。同样，成为敏捷的领导者不是一蹴而就的，这需要我们不断学习，一生都要致力于发展这些方面的能力。我们在本章中所探讨的这些特质并不容易获得，这需要勇气和毅力。

核验清单

表2.1　敏捷领导者性质核验清单

特质	描述：我……	自评等级				
		1	2	3	4	5
学习敏捷性	1. 有求知欲，善于提问而不是直接跳到结论					
	2. 善于从经验中进行学习，从而改变自身行为					
	3. 积极寻求反馈以提升自己					
小计						
同理心	4. 面对困境能够调整自身反应，保持冷静					
	5. 保持与他人互动方式的平衡，让自己显得合理、公平					
	6. 成为所有利益相关者信赖的领导者					
小计						
深思熟虑、坚定果断	7. 善于思考，做重要决定时会暂停下来给自己时间和空间进行思考					
	8. 善于咨询，在做出结论前向顾问和专家征求意见					
	9. 做事果断，做出决定后迅速行动					
小计						
数字化素养	10. 及时了解和跟进技术如何改变客户体验					
	11. 对技术充满好奇，总是尝试新技术					
	12. 积极使用网络，了解新的应用程序和体验					
小计						

答案
1= 完全不符合
2= 少部分符合
3= 比较符合
4= 基本符合
5= 完全符合

上述表2.1的核验清单可以帮助你去思考，在提升敏捷领导力所需的特质时，你需要把精力集中在哪些方面。诚实面对自己，这样你才能真正了解自己目前的能力水平，并据此制订学习计划。你在哪些方面得分最高，哪些方面得分最低？当你阅读本书的其他章节时，一方面要带着这种自我认知，关注自己得分较低的项目；另一方面也需要思考如何明智地利用和发挥自己的优势。

参考文献

1. Berez, S, Padmanabhan, V and Phillips, S（2015）Rebooting IT: What separates digital leaders from the rest, Bain and Company, London.
2. Botelho, E L, Rosenkoetter Powell, K, Kincaid, S and Wang, D（2017）What sets successful CEOs apart, Harvard Business Review, May-June.
3. Burke W, Roloff, K and Mitchinson, A（2016）Learning Agility: A new model and measure, Teachers College, Columbia University, New York.
4. Clutterbuck, D（2015）How mentoring functions have become a dangerous distraction for research and practice in mentoring, available from https:// www.davidclutterbuckpartnership.com/how-mentoring-functions-havebecome-a-dangerous-distraction-for-research-and-practice-in-mentoring/（last accessed 3 September 2017）.
5. Covey, S（2006）The Speed of Trust, Simon & Schuster, New York De

Meuse, K, Dai, G, Hallenbeck, G and Tang, K（2010）Global Talent Management: Using learning agility to identify high potential around the world, Korn Ferry Institute, London.

6. Goleman, D（1995）Emotional Intelligence, Bantam Books, New York.
7. Hallenbeck, G, Swisher, V and Orr, J（2011）Seven Faces of Learning Agility:Smarter ways to define, deploy, and develop high-potential talent, Korn Ferry Institute, London.
8. Hayward, S J（2016）Connected Leadership, Pearson, London.
9. Lombardo, M M and Eichinger, R W（2000）High potentials as high learners, Human Resource Management, 39（4）, pp 321–9.
10. Newman, M and Purse, J（2011）Emotional Capital Report, RocheMartin, Melbourne.
11. Reina, D and Reina, M（2010）Rebuilding Trust in the Workplace, Berrett-Koehler, San Francisco, CA.
12. Russell Reynolds（2015）Productive Disruptors: Five characteristics that differentiate transformational leaders, Russell Reynolds Associates, London.
13. Staak, V and Cole, B（2016）Reinventing Innovation: Five findings to guide strategy through execution, PwC Innovation Benchmark, London.

第三章　敏捷工作方式

引言

本章我们将探讨敏捷工作的方法和框架，以及它与整个组织运作的关系。我借鉴了敏捷实践相关的最新研究成果，为不同类型组织引入合适的敏捷领导方式提供了清晰的指导。我将阐述Scrum（敏捷开发）方法的原理，解释如何在整个组织范围上更广泛地采用这一方法，以及如何利用此方法在实践中产生最大效益。

自我思考

在阅读本章时，请思考如下三个问题，将有助于你提炼成为敏捷领导者的核心观点。

- 我是否愿意改变对工作的一些思考方式？
- 我是否愿意将工作完成方式的权力交给同事？
- 我是否相信团队成员能够独立完成工作？

敏捷管理

在第一章我们引用了麦肯锡对敏捷组织的研究，发现敏捷组织注重明晰成员分工以及规范组织纪律（McKinsey, 2015）。敏捷组织一方面能够在变化的环境中快速反应，另一方面能够保持组织结构清晰和稳定，这些特质是普通组织不具备的。敏捷组织往往拥有深度的价值观和强有力的领导，驱动它在敏捷管理和敏捷工作方式上不断学习和创新。敏捷工作方式最早来自软件行业，在此，我们对过去20年来软件行业发生的巨大改变做一个简单的回顾，有助于更详细地探讨敏捷工作方式。

敏捷管理是一种灵活、渐进的方法，适用于管理产品设计、开发和服务，尤其是在软件、工程和信息技术等领域，从而更好实现客户需求。Scrum就是一个实例，它是敏捷软件开发的最初形式。

Scrum除了在工作流程上要求明晰化和规范化，更要求高度的开放性。开放性表现在三个方面：团队跨职能合作、定期的客户反馈和开放的管理方式。通过开放式的管理，公司能够及时发现客户的需求变化，以及遇到的新技术问题，也就是说，准备再好的计划也赶不上变化。这就要求团队有敏捷的反应力和自主行动力来适应变化，而不是被严格的等级和管理制度阻碍。

敏捷管理发展史上的一个重要里程碑是《敏捷宣言》（*The Agile Manisfesto*）（Highsmith, 2001），它是由一群软件开发人员在犹他州雪鸟滑雪胜地发表的。他们聚在一起是因为共同的信念，希望寻找一种更好的软件开发方法来代替传统的顺序方法。后者多为长期计划，常常在时间上超出预期，开销上又超出预算。《敏捷宣言》中揭示的方法论建立在如下四个价值观之上。

1. 个体与互动高于流程和工具。
2. 工作软件高于详尽的计划书。
3. 客户合作高于刻板的合同。
4. 响应变化高于遵循计划。

《敏捷宣言》背后的价值观体现了17名开发者的信念，即建立在协作、信任和尊重之上的文化是实现更伟大产品开发的基础。

Scrum（敏捷开发）

在《敏捷宣言》提出之前的1986年，日本国立一桥大学教授竹内弘高和野中郁次郎在《哈佛商业评论》（*Harvard Business Review*）上发表的经典文章《新新产品开发游戏》（New New Product Development Game）（Takeuchi and Nonaka, 1986）中引入了与商业产品开发相关的术语“Scrum”。通过从丰田生产模式中汲取经验，他们总结出一种新的、更快更灵活的产品开发方法。他们将新方法称为“整体法”或“橄榄球法”，因为整个生产过程是由一个多职能部门组成的团队交叉完成。在这个过程中，团队像橄榄球球队一样作为一个整体单位“来回传球”，朝着“球门方向”前进。“Scrum”是出自橄榄球比赛中的术语，指的是球员们被裁判叫停后重新开球，球员间通过灵活互动将球移动到前端，越过对方的线得分。英式橄榄球不是一项突出或推崇个人秀的运动，它的获胜依赖于高水平的团队合作、明确的目标以及成员间的流畅协作。

20世纪90年代早期，Scrum方法领域的领军人物主要是美国人，他们中的许多人后来参加了2001年的雪鸟滑雪胜地会议。与会者包括Scrum的早期开发者肯·施瓦伯、杰夫·萨瑟兰、约翰·斯库尼奥塔莱斯和杰夫·麦肯纳（Ken Schwaber, Jeff Sutherland, John Scumniotales and Jeff McKenna）等。他们强调在产品开发流程管理中将决策权下放到具体的工作运行层。这些内容我们会在第七章进行详细的探讨。

敏捷联盟成立于2001年，是敏捷社区中最大的会员组织之一。联盟指出：

> Scrum是一套管理复杂项目的敏捷理念框架，它产生和形成于软件研发项目，也适用于复杂的、强调创新的工作内容。Scrum看似简单，实则有着巨大的潜力和无尽的可能性。（Scrum Alliance, 2001）

我们如果理解了杰夫·萨瑟兰对敏捷开发的解释，就可以开始探索如何运用这种理念，将其与更广泛组织中的领导力联系起来。在《敏捷开发》（*Scrum*）（Sutherland, 2015）一书中，萨瑟兰列出了敏捷开发的工作流程：

1. 产品负责人：选定一个有远见的产品负责人，负责人要明晰和知道做什么，完成什么，负责为团队行动做出区分轻重缓急的全局谋划。
2. 团队：由3到9名跨职能部门员工组成，负责将构思实现为可行的产品。
3. 项目经理：选定一个项目经理，能在每个Scrum迭代周期指导团队，帮助队员排除影响团队速度的障碍。
4. 待办事项列表：创建待办事项列表并列出其轻重缓急。项目中需要构建或完成的所有事项都要列出。在整个项目进行过程中，根据对客户的价值和商业价值随时调整待办事项的主次和先后。
5. 工作量预估：团队需要预估完成每一事项所需的工作量。同时，所有成员需就工作验收的标准达成一致。

6. 迭代启动会：开发团队与产品负责人和项目经理开会确定迭代计划（sprint）。通常情况下，一个迭代的时间是固定的，且不超过一个月。一旦确定好迭代计划，团队在实施过程中则不可再更改。通过对上一个迭代的工作量完成情况进行评估，从而制定下次迭代的工作任务。在整个过程中，团队成员自主完成各项目标。
7. 进度可视化：通常使用一个任务板，这个任务板有三列，分别为待办、进行中和已完成。在项目推进过程中用便签标注任务完成的状态，方便团队和其他人清楚地了解到任务的进展。
8. 每日例会：这是整个Scrum的核心环节。团队成员会在每天的同一时间开一个不超过15分钟的会议，在会上通过一些简单的问题回顾一天的工作进展，并就当日的核心问题达成一致。
9. 评审会：评审会完全公开，会上将展示本迭代周期中完成的任务，不符合验收标准的不予展示。
10. 回顾会：在评审会之后召开。团队成员坐在一起讨论在此次迭代周期中有哪些工作完成得出色，哪些地方可以做得更好，在下次迭代中有哪些地方可以改进。整个过程要求大家自由发言，坦率地提出反馈意见，然后团队就下一个迭代的改进之处达成一致，并在下一个迭代中优先实践。
11. 下次迭代：进入下一个迭代期。

以上的敏捷管理流程早期被用于软件开发，但现在广泛用于组织管理中，成了实现敏捷领导的利器。我们常常需要通过实验来解决的一大问题是：这一流程要运用在什么阶段，采取什么形式，才能提高产出效率，且与客户的优先级保持一致。在本章中剩下的部分，我将就Scrum方法在商业组织的不同部门的具体运用给出相关指导。实践中，敏捷管理适用于项目型工作，在诸如市场营销、人力资源以及新产品的开发和维护等领域都非常有效；在整个组织层面上，也可以作为一种思维模式或是工作方式运用于组织管理中，相关内容可以参考第四章中的三个案例。但是要概括出一种适用于所有业务的模式并不容易。最后，我也将会在本章及后面的章节讨论其存在的一些挑战。

改变领导方式

负责人的领导方法是敏捷工作模式在实践中得以成功的关键。依据上面描述的Scrum管理流程，你可以看到，更快速、更高质量地交付产品依靠的是纪律、专注和协作。作为领导者，我们需要为这些条件创造环境；在这样的环境下，员工们没有对失败的担心，取而代之的是阶段性的精力高度集中于工作带来的生产效益。

Scrum框架同时拥抱“确定性和不确定性”，Scrum“给学习过程提供一个框架结构，让团队能够评估他们创造的内容，以及创造的过程，这也是同样重要的”（Sutherland, 2015）。团队的主要任务是研发产品和开发服务功能，这对客户最为重要，也因此对企业最具价值。根据帕累托定律（The Pareto Law），一个产品或一项服务百分之八十的价值都集中于其百分之二十的功能上。因此Scrum要求团队首先集中精力在那百分之二十上。当今商业环境中，顾客的期望和需求变化让人应接不暇，明确至一点有助于避免将资源投入不再需要或很快过时的功能中。

很明显的是，这种周期短、由顾客优先驱动、团队自主运作的工作方式，需要领导者能更多地下放权力，信任下属。根据我个人的经验，若是高层领导者没有完全理解这一点的重要性，那么这种灵活的工作方式将很难得到实施。领导者扮演的角色应当是促进者，排除阻碍生产力的因素，营造团队可以自主完成工作的环境。团队需要的是一位有威信的领导，而非一位监察员，来决定每个迭代周期的任务量。此外，计划需要灵活应对可能出现的变化："做规划很有用，但盲目地跟从计划则很愚蠢"（Sutherland, 2015）。最后，管理者应当真正把错误看作机遇，从失败中学习，帮助你不断进步；这儿的准则是，快速失败并从中学习。

领导者的作用是创造一个环境，让员工可以自主做决定，适应面临的挑战，敢于犯错并从中吸取经验教训。如果你并不信任你的团队或同事，不相信他们能够做正确的决定，不愿让权给他人决策，过于频繁地干扰和检查他们的工作，只为确保一切事物都在正轨上，你将很难运用敏捷工作法。

向敏捷工作方式转变的过程挑战重重，尤其是对于那些负责公司运转的管理者和经营者而言。根据复杂性理论，复杂的适应性系统从形成到逐渐稳定需要一定的时间，在此期间的混乱和变化会令人不安。作为一位领导者，实行敏捷工作方式意味着你要带领团队度过这段混乱的转变时期；你必须相信为了最后的收获，值得付出一定的努力。

如果你对企业已经拥有了明确的目标、策略发展方向以及行为价值导向，那么你需要的是一个管理框架。在这个框架下，团队成员各司其职，团队有序协作，高效合作，反应快速、灵活，总是比你的竞争对手更快、更高效地为客户提供产品或服务。这就是敏捷工作方式：它需要一个较为松散的管理形式，更为灵活应变、善于抓住机会，甚至改变规则，从而实现突破性的成功；它需要领导者放弃部分权力，信任身边的团队，合力实现更高效的运作。

团队合作是关键

领导者已经意识到，团队合作是敏捷工作方式的核心。就像梅勒迪斯·贝尔宾教授（Meredith Belbin）在20世纪七八十年代的经典实验中反复指出的那样，一个自治的团队总是胜于有才能的个体。注重团队平衡和整体发展，比起只注重个体、整体不够平衡的团队能更好地完成团队绩效（Belbin,1981）。武内（Takeuchi）教授和野中（Nonaka）教授（1986）在他们的经典研究中也强调了这一点。他们用三个词来概括世界上最优秀公司团队的特点："超越"（有更高的目标）、"自主"（自我组织和自我管理）和"跨职能"（完成任务所需的多种技能）。他们认为，这三点都很重要，我非常赞成他们的提法。我将在第六章进一步探讨这个问题。

整合领导力的五个因素之一是注重协作，植根于高效的团队合作。在你的组织中，如果在招聘决策、奖励和奖金、领导力发展、继任规则和绩效管理等方面不能一贯地强调团队合作，就很难成为真正敏捷的企业。团队合作为团队成员的个人表现创造了一个有利的环境，有益于提高生产力，在生产过程中产生更多的合作成果。根据我的经验，团队在工作中能够自主做决定，能够持续地发展，是改变组织的重要力量，这也是为什么许多大学和研究机构设立了创新孵化器，为创新团队提供源头上的支持，为未来的商业价值开拓新的经营理念。敏捷联盟（2001）是这样描述的："敏捷工作框架下，团队成员以向客户交付他们最需要的产品和服务为目的，队员协同合作以最高效的方式完成工作，其中的重点是人和交互，而不是过程和工具。"

Scrum的原则之一是了解团队的开发速度和运作速度。如果你知道你的团队在每个阶段可以完成多少工作，那么你可以有效计划下一个冲刺阶段（迭代周期）的工作，并且思考如何在接下来的周期中提高工作效率。团队领导者的主要任务之一就是清除那些会拉低团队效率的障碍，避免浪费时间和精力。在冲刺复盘中，鼓励团队去反思，找出问题和障碍，向更高效的工作目标努力。这一点和赛艇等体育项目类似，每次训练结束后，船员都会回顾自己的表现，找出能帮助提高船速的方法。这些通常来自成员之间的直接反馈，如果团队成员相互尊重，并专注于他们的共同目标，那么这些真实的反馈对团队的提升非常宝贵。团队应该以积极的方式看待反馈，而不是将之当作个人批评，这对整个团队的发展是至关重要的。正如我们在第二章中所讨论的，将定期的直接反馈视为“提高船速”的洞察力来源，具有巨大的价值。通过反馈来更清晰地认识问题或发现障碍是很重要的，因为只有这样才能有效地解决问题。

在业务环境中，确定一位专管领导，负责在整个组织中协调工作程序方面的问题，负责为团队工作顺利开展清扫障碍。以我遇到的一位电信行业的客户为例，这家公司的领导层通过与业务团队的深入讨论发现，将不同部门的服务出售给大公司客户这种做法带来了一大隐患，原因在于公司内缺乏能够分享用户经验和见解的平台和文化。一位董事会成员带头提出了解决方案，通过组建一个跨职能团队，共同协商来解决问题。该团队与各个部门的同事交流后，明确了问题的原因，提出了解决问题的建议，并得到了整个企业部门的支持。他们一致认为，当务之急是改变管理思维方式，将开展本地业务和开展内部竞争置于比企业的整体绩效更高的优先地位。因此，该团队实施了一个以协同工作为重点的管理培训项目，并建立了一个在线支持系统，鼓励用户分享知识、经验和见解。这些举措带来了巨大收益，发现了新的交叉营销机会，促进了团队在开发这些商机上的合作，从而使公司业务和客户同时受益。

改变时间——冲刺

100米短跑一直是奥运会上最受欢迎、最具观赏性的项目之一。顶级短跑运动员到达终点的时间差距微乎其微。在激烈的短跑比赛中，运动员在冲向终点的短时间内释放出巨大的力量。Scrum 的一项重要功能就是在短时间内进行思考和行动，在预先设定的“冲刺”或“时间框”中集中精力，创造出可以快速产出或者形成项目雏形的机会，这些产出和雏形可以展示给客户，以获得他们的及时反馈：他们是否喜欢它？他们是否足够重视并且愿意支付？以及他们最想看到的是什么？

在即将开始冲刺之前，有必要对工作事项做一些具体的规划。在规划开始时，你可能会发现，在明确工作的确切范围和具体工作量之前，有一些问题还需要咨询专家或者进一步思考。如果咨询是在团队内部进行的，那么完成起来相对容易；但如果还涉及其他部门，那么就需要时间，可能会影响事情的进展。

时间

Scrum 所做的就是改变你对时间的看法。（Sutherland, 2015）

Scrum 最强大的功能之一就是demo演示，也就是将产品推向市场时的一系列展示和演示活动。对于团队来说，开发产品并向公众和客户展示，这是令人激动的事情。这个过程可以帮助他们认清目标所在，还可以看到自己辛勤工作的有效成果。回到橄榄球的比喻说法，在一个赛季中，一个球队将有一系列的比赛，而每一场比赛都是他们当下的焦点，这使得连续的比赛过程有了缓冲，眼前的目标也变得具体且切实，即在下一场比赛中击败对方球队。这是一种激励，也是一种实践，球队因此得以通过定期的赛后回顾来学习，通过在下一场比赛的训练来调整他们的比赛方式。

因此对于团队来说，demo要求团队短期内齐心协力来完成，它能够帮助我们获得反馈和经验，以便于下次冲刺。通过反馈，团队能够了解客户的关注在哪里，并在下一个阶段加快产出。同时，在这个逐步展开的生产过程中，也方便团队对产品进行测试和改进，通过共同努力提高生产力，并确保团队专注于为客户提供最高价值的产出。更快速地向客户演示新成果，客户也就能更快速地给出反馈，你的产品是否符合他们的需要。例如，Facebook在2004年就是作为一个demo演示产品而开始运营的。一群哈佛学生模仿美国大学学生经常使用的“脸书”目录，创建了一个网站，让其他学生分享自己的照片，方便相互介绍认识。这个网站传开后，开发者得到更多反馈后进一步开发平台，并将其扩展到其他大学，最后扩展成了我们今天所知道的全球社交媒体平台。

与时间管理工作相关的另一个有用的做法是日常例会，它专注于更快地进步。每天，团队会简短地讨论三个在Scrum工作中的问题，包括昨天、今天和我们前进道路上的障碍。在更广泛的业务环境中，借助以下问题，可以帮助我们保持日常回顾，找出问题存在的原因：

- 接下来做什么？（未来24小时内的主要事件或活动）
- 我们做得怎么样？（更新关键执行力指标）
- 我们被困在哪里？（我们会或可能会遭遇哪些困难？）

每天在同一时间举行一个短暂的小会议，每个团队成员都要求出席，这是很重要的。例如，在西鲁斯（Cirrus），我们有一个管理团队每两天会聚在一起，对本周的事务定期检查，以保持工作的节奏。这种节奏对我们将思考与行动保持一致很重要，并推动我们不断改进日常工作。我们审视增长、效率和组织的健康状况，从而更快地为客户提供更好的服务。我们经常发现一些可以解决的问题，清除整个业务进展的障碍。我们发现最好在线下站会中提出问题，这样会后可以继续详细地分析和讨论。每日站会不仅让团队成员受益，而且有助于凝聚整个团队，保持规律的联系，即使某些团队成员大部分时间不在同一个地方。

这种定期的交流对我们团队和整个组织都很重要。萨瑟兰清楚地指出："沟通饱和度越高——每个人了解的信息越多——团队的效率就越高。"这需要从作为领导者的你到组织的全体管理层保持高度透明。团队和当地经理能够获得他们做决策时所需的全部信息，是有效下放决策权的先决条件，这一点我将在第七章中进一步讨论。为团队提供尽可能多的信息，使他们有更多机会来适应不断变化的优先事项，能更明智地处理他们负责的业务。根据我的经验，缺乏安全感的管理者往往不愿意开放信息，不能够充分地信任员工，也不足以配得上"领导者"的头衔。

一心一意

我担任经理一职已经有三十多年了，在工作中我一直擅长多任务处理。对我而言，能够在各种职责和客户要求之间游刃有余是成为一名优秀经理的必备品质。但与此同时，同时处理多个任务也会导致效率低下。一心一意地专注于一件事能大幅提升效率和产出。每每切换不同的任务时，我们都需要自我调整重新进入状态，再次弄清楚我们所做之事。如果我们减少切换任务的频次，保持专注直到完成，我们能够在可用时间内实现更多产出。

萨瑟兰引用了帕什勒（Pashler）20世纪90年代的一项研究结果，其中提出了“双重任务干扰”这一概念，它表明大脑并不能在不同任务之间无缝切换，大脑会一直试图同时考虑好几个不同的任务，影响工作效率。“先一心一意地完成一项任务，再切换到另一个任务，这能帮助我们将工作时间减半。”（Sutherland, 2015）由于双重任务干扰，处理混合任务的效率要比处理单一任务的效率低，因为切换不同的任务会浪费时间，而且随着你着手的项目越来越多，情况只会越来越糟糕。假设你同时着手五个项目，那么你会在75%时间里都没有效率产出。无论是对一位团队的领导者还是从事特定项目的团队而言都是如此，一心一意地完成一项任务会让团队变得更加敏捷，也能让团队成员从已经“完成”的工作中获得成就感和满足感。

如果你同我一样，享受多任务处理的挑战，你需要有意识地去适应单一任务处理模式。你可以通过改变周围的环境和工作的场景来提升效率、避免分心或一心多用。最近，我和另一名办公室同事一起为一位重要客户设计了一款产品。通常情况下，我会在自己的办公桌前和同事通过视频联系。但这次我走进了另一间会议室，我们通过视频一起在挂图册上整整工作了两个小时，一气呵成地完成了整个设计，没有受到电子邮件和预定会议的干扰。这样一个小小的工作场景的改变，帮助我们高效地完成了这项工作。如果我们继续使用电话或电子邮件交流，很可能要花更多时间。高效地专注于单一任务处理，这种感觉很棒，就像是一位运动员打赢了一场完美的比赛。

交互式计划

如前所述，Scrum流程中强调做计划的重要性。敏捷倡导者在2001年提出的宣言中强调的四个原则之一是“响应变化高于遵循计划”。在此之前，主流软件开发项目遵循大规模的“瀑布式”计划，开发者对项目的长期成果进行了严格的定义，对实现这些成果所要做的工作进行了详细的安排，从一个团队到另一个团队的产出成果，可以看到一个清晰的规划。这种“瀑布式”计划是当时的主流开发模式，但敏捷倡导者却对此表示质疑。

“瀑布式”计划存在着一个问题，即这些计划很少在实践中行得通，因为实际工作的时间往往比计划的要长，而且一些情况也会发生变化，这意味着计划的内容与客户的真正需求有时并不一致，这导致了成本和时间的严重超支。《敏捷宣言》的开发者所提倡的理念是交互式计划，即基于对主要优先事项的清晰认识，了解什么会带来最大的价值，并集中精力在短时间内交付，同时组织定期回顾，根据客户的反馈对项目的优先次序进行重新调整。这种灵活计划的方式是很有用的，因为计划本身可能是错误的，定期回顾和听取客户反馈帮助我们及时调整计划，使其朝着正确的方向进展。这就是我在第二章中讨论的学习敏捷性：一种灵活处理问题，并从当前的形势和未来的机遇中学习的能力。

作为企业的领导者，使用交互式的计划方式能够拉近与客户的距离，实现商业价值的最大化。我们可以在整年不断完善我们的商业计划，就像我们在做一个迭代驱动的开发项目一样，并不是在前期做完所有的事情，然后无论发生什么都保持计划不变。我们可以制定足够详细的计划来确定要做的工作和可能得到的结果，只需大致保持长期的活动安排，以便在过程中对计划进行调整。在每个迭代结束时，我们可以与客户一起反思已经交付的成果，无论是新产品还是购买体验的改变。根据这些反馈，我们可以相应地调整计划，如此，我们就总是尽可能朝着正确的方向前进。

我爱好小帆船运动，十三岁时的一次经历让我记忆犹新。那一次，我和朋友罗伯一起参加了一个帆船比赛，他比我年长，在航行方面特别厉害。当我们和其他50条船一起逆风行驶时，所有的船都向同一个方向斜行，船帆拉得紧紧的。一般而言，如果是逆风而行的话，就必须调整船只角度，使风向以45度左右吹向船帆，“之”字形行进。我记得他快速地做了一个甩尾动作，我们的小船换了一个方向，风向也变了，一会儿我们就和其他船只拉开了距离，我们驶向了河口的对岸，把他们甩在了后面。看着我有些迷惑的样子，他笑着说：“船要总是尽可能地往下一个标记点靠近。”他的意思是说，及时抢风调向，使船能以几何上最短距离驶向航线的下一个标记点。他比其他人更早地感觉到了风向的变化，并及时调整了航向和航线。过了一会儿，其他船的舵手也感觉到了风向的变化，也开始转舵，但罗伯已经占尽先机了，我们最快到达了标记点。这次的经历让我记忆犹新。我们不可能总是朝着正确的方向前进，但我们可以调整航线，尽可能地向着正确的方向行驶。

一般来说，Scrum模式和敏捷工作方式的一个重要方面就在于，这种工作方式要求你专注于最重要的事项，让你不会因试图同时处理多个事项而停滞不前。待办事项列表（backlog）中可能有一长串需要完成的活动，但一般来说，仅有20%的活动对于推进工作，对做出可见的、具有竞争力的产品至关重要。一旦你有了明确的前景规划，你就可以列出需要完成的事项清单。确定了重要事项的优先级，尽可能直接地朝着下一事项前进；这样，我们可以重点关注对于客户来说最具价值的事项，而不需要面面俱到。确定事项列表的一个有用的方法就是去描述和设计“最小可行产品”。我们的目标是，在为客户提供价值的情况下，能做出的最简形式的产品。向顾客交付最小可行产品后，你可以得到相应的反馈，并依此进行调整，进而明确下一步该优先做什么。

确定优先事项显然是流程管理中的关键步骤，Scrum模式下，你和你的团队需要评估“哪些事项对业务影响最大、哪些事项对客户来说最为重要、哪些事项能创造最大利润又最容易实现”（Sutherland, 2015）。你需要确定各个事项的具体层级，这样，你才能在一个迭代（sprint）中完成计划的事项并将其展现给客户。搞清楚做什么，才能以最小的努力获得最大的价值，然后直接去做。

Scrum模式下，产品负责人（product owner）是关键所在。产品负责人决定要完成的工作，制定待办事项列表，不论是内容还是顺序。他们需要与客户建立紧密的联系，需要常常与客户即产品购买者进行交流。他们需要理解产品，理解产品背后的技术，拥有做决定的权力，需要花时间与团队一起工作，需要对产品创造的价值负责，或是一项商业计划的收益，或是一家医院的病患医治数据和质量。这也意味着，领导者要充分理解产品负责人的核心作用；领导者不仅要赋权给团队实现产品交付，也要赋权给产品负责人决定优先事项。

我在与一些高层领导团队合作时发现，他们对那些为他们工作的专家缺乏信任，这是一个很典型的问题。他们倾向于自己做决定，本来这些决定由他们雇来解决某领域问题的专家来做会更好，这些专家包括技术专家、营销专家和人力专家等。对于领导者来说，如果想要有效地实现敏捷管理模式，首先要做的就是将这部分权力下放。要充分信任专家，如果这些专家没有足够经验来做出正确的决定，那么作为更为高级的管理者，你的责任就是训练这些专家，让他们有能力做出决定。

可视化的“故事”

想要队员做事能更加灵活，领导可以尝试将团队要做的任务用“故事”完整地描绘出来，让团队有更切实的认知。不论是做软件开发、零售业务，还是在总部提供后勤保障，团队每个人都必须清晰地知道他们的工作会带来什么样的客户体验。我们不妨设想一下，我们最后的工作成果会给客户带来什么样的体验，这对我们是非常有帮助的。客户是谁？客户喜欢什么？客户为什么想要这些？我们如何知道产品可以交付了？客户如何从产品中受益？迭代计划的制订需要参考这些故事，这样才能让我们下一阶段的工作重点有意义，将这些设想建构得越生动可感，那团队就越能清晰地看到现实的产品。

这种方法可用于单个团队的活动策划，也可用于整个企业的活动策划。原理是一样的——用故事将客户体验生动地讲述出来，这有助于员工对未来的产品有更清晰的认知，从而对应该如何开展工作做出更明智的判断。再上升一个层面来说，有些企业将企业的宗旨以故事的方式讲述出来，员工更能对这些理念产生认同感，在实际工作中也能够更好地去理解工作的意义和价值。例如，沃尔玛的宣言是：“我们为人们省钱，让他们过上更好的生活。”在沃尔玛描述的故事中，我们可以看到一家人在厨房里打开购物袋，把冰箱装满刚买的东西，这些东西不是便宜货，可能还算是有点小奢侈，但就性价比来说已经很划算了。1992年，沃尔玛的创始人山姆·沃尔顿（Sam Walton）在去世前不久获得了美国总统自由勋章。在接受该奖项时，他说："如果我们共同努力，我们能够降低每个人的生活成本……我们能让全世界的人都有机会用省下的那笔钱过上更好的生活。"

如何将团队的表现可视化，或清晰地描述出来，是很重要的。而关键一点是使用诸如Scrum任务板之类的利器。Scrum任务板使团队的表现清晰可见，让一切变得形象生动起来，这样我们才能有更多的机会去讨论、去改进，提高效率。Scrum任务板展示了团队当前的工作状态，某个事项的进展随时可以在面板上用便利贴标示出来，这样冲刺期的工作状况便一目了然。表3.1是一个Scrum任务板的例子，行代表了客户故事栏，每一行描述每一项任务的性质；列代表了任务进展。团队队员们在同一地点工作时，可以用真实的面板做任务版，不在一处时，可以使用类似功能的软件来虚拟实现。

表3.1　Scrum 任务板

项目 / 团队名称					
	积压项	待办项	正办项	审查项	已办项
用户故事 1					
用户故事 2					
用户故事 3					
用户故事 4					

在我小时候，英国有一档儿童电视节目很受欢迎，叫"蓝色彼得"。该节目于1958年在BBC首次播出，是世界上播放时间最长的儿童电视节目，一直都很受欢迎。由于该节目有着广泛的影响力，节目

组每年会在圣诞节期间倡导大家进行公益募捐。节目的制片方很清楚，将进度明明白白地展示给大家看能让人们更乐意捐赠。所以，每年，演讲者都会使用一个大型水银温度计这样的装置，每周更新筹款目标的进展情况，筹款的进度大众可以清楚明了地看到。随着全国各地儿童筹集到的资金越来越多，红色水平线顺着校准管向上缓慢移动。我们童年时都加入了这个节目，心绪也跟着水银指针上下起伏波动。最终，筹款目标都能圆满完成——英国各地的孩子们都会觉得他们在支持慈善事业中起到了作用。直到今天，我都能清楚地在脑海中看到这个温度计，它团结了整整一代人！

当然，Scrum任务板并不能用于所有的企业活动管理中。Scrum任务板有助于在项目团队中对事项进行优先排序和流程管理，尤其适用于在紧迫的时间内管理团队工作。但它并不适用于所有的活动，在某些情况下，其他的流程管理技巧反而更为适用。

我鼓励你们多多实验，使用scrum任务板和我们在本章中讨论的所有相关的工作方式，来培养有序性和专注力，创建运行良好的敏捷工作模式。以业务规划流程为例，我们常常会将太多的重要事项纳入计划中，因为它们确实都很重要。敏捷管理是将这些事项视为待办事项列表（backlog），对其进行优先排序，将资源集中在未来一段时期内对业务产生最大影响的少数事项上，将这些优先事项可视化，并尽最大努力尽快完成它们。在零售环境下，优先项可能还包括为消费者提供多渠道无缝退货体验，或者减少哪怕1%的浪费。明确用户体验，建立跨职能团队来实现产品交付，然后领导就可以退居后方，将自己放在支持者的位置，为团队争取足够的资源，支持团队创新，鼓励实验和试错。

案例研究

CDL 公司的敏捷工作

CDL公司是英国为批量及零售保险业务提供软件解决方案的市场领导者。如果你曾在英国购买过汽车或家庭保险，那么你的保险申请和报价单很可能是由 CDL 软件处理和生成的。该公司的 Strata 平台提供灵活、多渠道、可升级的解决方案，业务范围包括网页、移动、价格比较网站、消费者自助服务以及基于远程信息处理的保险产品。

迈克尔·兰伯特（Michael Lambert）是 CDL 公司的开发主管，他自称“敏捷传道者”，在公司推行敏捷工作方式来进行软件开发。根据敏捷原则，CDL以自行组织的跨职能团队为主体，以与客户的合作为基础，通过迭代开发和适应性计划的流程管理方式来开发产品。迈克尔提倡持续改进、灵活应对变化和不拘泥于现状、对一切可能性保持开放的思考方式。在他的领导下，CDL公司能够快速灵活地为客户提供服务，应客户要求开发新的产品功能，频繁定期发布产品和服务。

“预测市场趋势，开发相关技术，合理利用这些趋势和技术已经成为我们业务的一部分，”迈克尔说道，“我们的许多客户一直处于变革的前沿。我们每年将营业额的15%左右投资于产品研发，致力于在我们所处的领域上做到最优。”

自20世纪90年代中期以来，迈克尔就一直对敏捷软件开发怀有兴趣。“我看到许多大型软件项目都失败了。通常，大多数单位在邀请各个供应商参与某个项目的投标时，并不能确切知道自己的需求。这些单位放标时，会把他们能想到的所有需求都打包放入招标文件中，包括那些实际上可能并不需要的。而且，他们大多数倾向选择那些能以最低成本满足招标条件的供应商。而作为供应商这方，在整个招标过程中对招标要求也多为一些单方面的预想和臆测。老实说，这个过程有点儿像一场游戏。我记得曾经在一次会议上，参会的不乏一些知名人物。一位来自一家大银行的代表大概说了这样的话——大型项目大多都会失败，每个人也都清楚这一点。我真的想知道为什么这么多人仍然以同样的方式做事情。现在，越来越多的人开始质疑这种工作方式，他们正在意识到敏捷方法的价值。”

与客户的合作

CDL公司鼓励客户与公司签订敏捷合同，将产品开发和交付视为一个不断发展的过程，始终和客户保持密切协作。公司最初要求将交付转变为持续性交付，要求客户每六周而不是每九个月进行一次软件更新，这对许多客户来说是一个巨大的变化。通过一系列路演，CDL公司向客户展现了这个改变的便利之处。

“对于我们和客户来说，将一个创意在尽可能短时间内推向市场很重要，”迈克尔说，“在如今激烈竞争的世界里，太多事情不可预测，你必须快，否则你就死定了。一旦你做出点东西，就可以得到反馈，你可以检验这是否真是一个好点子。我们应该尽可能减少这个周期的时间。现在，敏捷工作已深植于CDL公司，我们可以展示和证明这种工作方式的好处。如今我们的声誉非常不错，客户更容易接受敏捷开发。我们有良好的记录，也得到了合作伙伴的信任。”

培养敏捷领导力

当CDL公司首次推行更敏捷的工作方法时，许多员工都乐于接受这一变化。敏捷工作的开展井然有序，初期会公开邀请感兴趣的员工参加，之后这个初始小组会帮助整个企业推广敏捷工作。对于迈克尔和其他领导来说，这意味着他们需要放弃控制权，允许团队自行组织，一些领导会对此心怀疑虑。但经过最初的混乱阶段，看到敏捷工作开始成形并取得成效时，他们就会逐渐放心。

“这让我大开眼界，”迈克尔说，“相较于提前做好详细规划，现在我确信存在着更好的工作模式。今天，我们知道计划的重要性，但我们更重视合作。要领导一个敏捷组织，需要建立信任。你必须不断为建立信任付出努力，到不同的工作部门去看看并与人交流是很重要的。”

要支持更敏捷的工作方式，CDL公司的文化和领导风格也相应转型，“有一些项目，一些我感到失去控制，没有把握的项目，反而恰恰是最成功的，”迈克尔说，“有些时候，作为领导，我仍然会不由自主地参与到工作细节中去，但我知道这样做是不对的。例如，我对自己的Excel技能非常自豪，常常忍不住去把一些细节上的问题列成表格。但有人指出，创建详细的Excel电子表格是一种反模式（anti-pattern）——这个例子体现了对一个问题的常见的反应方式往往是无效的、适得其反的，就像我对一个问题忍不住会去列一二三，这种方式往往并不有效，甚至会成为敏捷工作的阻碍。”

Scrum开发模式和小组模式

2015年，CDL公司开始采用Scrum开发模式，它“更像是一个框架，而不是一种方法论上的流程管理，”迈克尔说，“框架内的自主权很高。Scrum开发模式是一个非常简明的流程，但其实很难把握。这个流程框架正是为了突显工作流程和管理结构中的一些障碍因素，所以，如何应用Scrum对管理人员来说是有挑战的。此外，我们还采用了团队和突击队模式，我们把某个产品的所有权交给团队，这是团队进行自我组织的基础。所以，如果你属于某个账户小组，你会拥有相应的代码库，并且你的工作即是优化账户，这就是你的目的。”

一个典型的小组由七到九个人组成。“我们的人数比这多一点，但是一旦接近10到12人，我们就会把小组分成两个新组。这是一种有机的切分，成员们会带着事项列表中的一半工作，换句话说，一半的工作会跟着他们走。这并不是像建立一个新的团队，因为他们已经知道如何使用Scrum模式工作。因此，尽管对一个团队来说，一分为二可能是一种削弱，但大家都不必重新学习很多东西。一个团队被分成两个部分，而这两个新团队都能迅速开展工作是令人欣喜的，这种模式正体现了敏捷模式的灵活和迅捷。”

敏捷的益处

“敏捷开放模式极大地改善了工作质量，我们的安排也更灵活了。没有人愿意因为系统瘫痪而在半夜两点被叫醒。当公司开始下放责任和所有权后，团队建立的系统自然也会变得更灵活；在这种优质的模式中，工作质量是可以保证的。失败的结果会直接反馈到团队，不会遭到忽视，因为建立正确的系统符合队员的利益。通过下放产品所有权，培养更有活力的团队，我们正不断为客户们带来效益。”

本章小结

首先明确一个愿景，创建一个待办事项列表，并组建一个跨职能团队负责完成，每周在实现产品价值上更进一步，并不断学习，这些构成了敏捷流程的简要框架。在CDL公司这一案例研究中，这家成功的软件公司正是通过这种灵活的工作方式，极大地改善了与客户打交道的方式。我希望这个真实案例能帮助读者更好地理解敏捷工作。

最后，我再一次引用17位开发人员于2001年在犹他州雪鸟滑雪场提出的《敏捷宣言》基于的一些原则（Beck et al., 2001）。请通读下列规约，看看它们如何与你的情况相关。虽然这些原则是针对程序开发而言的，但是这一点是可以忽略的。针对下面这些陈述，哪一些你的回应是，“我们现在就是这样做的”，哪些是你还没有做到的，后者显然更值得你去关注。

在下一章中，我们将讨论如何构建敏捷商业。仔细阅读和思考这些原则可以帮我们理解将要创建的文化和思维模式。多年后，思考这些原则仍然很有意义，它们构建了一种思维方式，这些原则之间彼此联系紧密，但同时又互相颠覆。

《敏捷宣言》背后的原则：以下哪些原则与你实现敏捷工作转型之旅是最相关的？

1. 我们最重要的目标是，持续不断地、尽快地向客户交付有商业价值的产品。
2. 积极面对客户需求的变化，即使在开发后期也一样。为了帮助客户保持竞争优势，灵活把握产品开发过程中的情况变化。
3. 准时快捷交付可行产品，相隔几周到几个月不等，较短的周期优先。
4. 开发人员与业务人员紧密合作，贯穿项目的整个过程。
5. 激发成员的积极性，以他们为核心搭建项目。
6. 提供员工所需的环境和支持，并信任他们会出色地完成工作。
7. 不论是团队外部还是团队内部，分享信息最高效的方式是当面交谈。

8. 可运行的软件是进度的首要衡量标准。
9. 用敏捷流程推动可持续开发。
10. 发起人、开发人员和用户要能够共同维持步调稳定延续。
11. 持续追求卓越技术和良好设计，提高敏捷性。
12. 以简洁为本，最大化减少不必要工作量的艺术。
13. 最佳的架构、需求和设计都来自自我组织、自行运作的团队。
14. 团队定期反思如何提高效率，然后相应地调整其表现。

参考文献

1. Beck, K, Grenning, J, Martin, R, Beedle, M, Highsmith, J, Mellor, S, van Bennekum, A, Hunt, A, Schwaber, K, Cockburn, A, Jeffries, R, Sutherland, J, Cunningham, W, Kern, J, Thomas, D, Fowler, M and Marick, B（2001）Principles behind the Agile Manifesto, available at agilemanifesto.org（last accessed 4 November 2017）.
2. Belbin, M（1981）Management Teams, Heinemann, London.
3. Highsmith, J（2001）History: The Agile Manifesto, available at agilemanifesto.org（last accessed 28 October 2017）.
4. McKinsey（2015）Why agility pays, McKinsey Quarterly, December.
5. Scrum Alliance（2001）https://www.scrumalliance.org/why-scrum（last accessed 29 October 2017）.
6. Sutherland, J（2015）Scrum, Random House Books, London.
7. Takeuchi, H and Nonaka, I（1986）New new product development game, Harvard Business Review, January.

第四章　构建敏捷商业

引言

本章我们将会探讨构建灵活商业的方法，厘清实现这一目标的障碍，探索克服这些障碍的途径，然后对于你在可持续敏捷组织建设过程中所担任的领导责任给出明确的厘定。本章中，我们会借鉴上一章《敏捷宣言》中的一些见解，以及第一章中所探讨的领导力悖论。

自我思考

在阅读本章时，思考如下三个问题，将有助于你提炼成为敏捷领导者的核心观点。

- 我的组织文化是鼓励冒险还是反对冒险？
- 我的同事们能否一致决定我们目前共同面对的优先级？
- 我对与我们合作密切的客户有多了解？

一种转变

我本人的博士研究（Hayward, 2015）关注影响大型组织向更高敏捷性组织成功转型的因素。大型组织中通常存在官僚主义，制度僵化和筒仓壁垒现象等弊病，这些问题有碍于敏捷灵活性的发展。然而，如今的数字世界要求我们能够迅速转型进入新型市场，并迅速应对“优步时刻”的威胁。我本人的研究和其他大量优秀的研究成果都表明，我们需要创造一个更加互联互通的环境，在此种环境下，人们可以在一个具有稳定目标和确定方向的框架下适应环境，开展工作和学习。如果我们既想让组织发展壮大，又想要进行灵活的转变，那么我们就需要把握稳定性和适应性两者之间的平衡。

建立更具敏捷性的组织运作，对你来说，可能听起来只是一个不太大的调整，但事实上，对绝大多数组织来说，这是个重大的转型。我曾经考察过许多组织，这些组织的遗留问题十分严重，大大减缓了组织的发展。就好比一个二十多年不运动的中年人突然想减肥健身，他需要改变他的饮食习惯，吃得健康一点，很多他过去钟爱的食物和饮料都得戒掉，并且他还需要开始定期锻炼……这一切坚持下来需要非凡的付出。他需要重新定义事情的轻重缓急，打破旧习惯形成新习惯，在这个过程中，他不仅需要极大的毅力，还要对自己的目标有深度的定力。如果想要实现自己的目标，很多人认为还有个十分奏效的方法：在脑海中想象目标实现的结果，再反复对自己强调为什么这个结果对自己、家人和朋友如此重要。通常，想减肥的人会从私人教练和医生那里吸取很多经验，形成正确的方法，在随后的几个月甚至几年里将其付诸实践。总的来说，如果你希望你所期待的成为现实，那么你就需要形成一个新的心态。

2004年我开始跑步锻炼，那时我也有同样的经历，那是一段痛苦的历程。当我的孩子还在酣睡时，我就要逼迫自己起床出门锻炼。我需要一系列的短期目标，比如说参加一场类似健康跑的公共活动；又或者形成一个长期的意识，即相信这样的锻炼会让我的生活变得更好。此外，我还得学会克制自己对于巧克力和红酒的冲动。现在我还在坚持跑步，每天仍然在做出选择，今天应该吃什么，是在下雨的早晨艰难地爬起来，还是给自己放个假，在温暖的床上再睡一会儿；同样，我得保证我仍然是带着目标去锻炼的，这样我更容易说服自己坚持下去。我并不是次次都能做出正确的决定，但大多数时候，这些决定使这一过程收获满满。“健康”确实是一种心态，但是同时也是一种需要专门维护和培养的身体素质。构建一个敏捷组织也是同样如此。

构建灵活商业的阻碍

根据戈兰（Goran，2017）等人的一些研究，我们总结了建立敏捷组织的四个关键的障碍：

1. 文化——惧怕风险的企业文化；
2. 透明——在优先级上，从员工到整个组织都缺乏透明度；
3. 与客户的紧密性——不够亲近客户，缺乏对客户需求的了解，因而不能帮助确定和驱动日常优先事项；
4. 协作——组织层面上的筒仓壁垒阻碍了协作的展开。

以上四个方面中，最根本的障碍是企业文化，我们将详细探讨这一部分；另外三个方面可以看作是普遍的企业文化氛围的反映。接下来我们将分别研究每一个方面，并探索如何消除这些障碍，以便让你能够更快地向敏捷组织转型。

> 企业文化的缺陷是数字时代阻碍企业取得成功的主要因素之一，这是麦肯锡公司（McKinsey）近期对全球高管的调查中的核心发现。该调查强调了三种数字文化缺陷：职能部门的筒仓壁垒，惧怕挑战，以及难以根据客户单方面观点组织行动。（Goran, 2017）

1. 文化

顶尖足球运动员在比赛时往往信心满满，他会完全放开来展现自己的天赋。他可以观察到其他球员可能看不到的时机，并且瞅准时机主动出击取得胜利。这种球员往往享受比赛并且乐在其中。当你手下有这么一队球员，他们相互分享自信和目标，一起施展他们的能力时，这是一股不可阻挡的力量。如果你在幕后观察，你可能会发现，这是因为教练培养了一种纪律严明的球队文化——分享自信、重视合作。在这种球队文化下，赛场的结果一定是可观的。管弦乐团也是一样的，乐队将各个演奏者的个人才能结合在一起，融合成和谐的音乐。指挥家让音乐家们的个人技巧融为集体努力的一部分，哪怕他们的个人能力再突出，指挥也会让他们的个人才能助力整个集体变得更加和谐。

在上一章中，我们了解了十四条敏捷宣言，其中第六条是，“提供员工所需的环境和支持，并信任他们会出色地完成工作”。这告诉我们，如果我们要实现敏捷性，我们就需要这样的企业文化。作为一个领导者，你需要创造一个基于信任和信心的环境，就像上文中的球队教练和乐团指挥一样，让组织中的人有机会自信地展现自己的才能。

在《剑桥英语词典》中，“文化”一词的定义是“特定时间特定人群的生活方式，尤其指一般习俗和信仰”。文化描述了一个社会群体的普遍行为规范，是一个群体定义其身份至关重要的意义符号。换句话说，文化就是“我们在这里的行为”。在足球队中，球队文化可能是一些惯例性的行为，比如每个成员都准时参加训练，队员们在战术会上相互切磋，训练后对球队的表现进行复盘反思以及确定第二天训练的改进方式等。教练会要求球队在每场比赛后描述自己的高光时刻，但同时会强调比赛中球队利益高于一切的原则。球队文化是基于一种共同的生活方式和一种集个人风格、相互配合和团体取胜于一体的共同信念。

那么，你组织中的生活方式是怎样的呢？是什么样的惯例和习俗影响着人们的日常行为？又是什么限制了人们的行为，妨碍他们变得敏捷和灵活？我不久前考察过一个大型的国际旅游组织，我遇到了业内的一些高层人士，在与他们接触后我发现，很明显，在他们的组织中有一种强烈的恐惧文化，这导致人们惧怕风险，犹豫不决，总是寻求更高的认可以掩盖他们的恐惧。这使一切工作都逐渐停滞，使才华横溢的人原地踏步，因错失信任而感到沮丧。这家公司的首席执行官同样为公司的诸多问题感到沮丧，比如缺乏工作节奏、决策缓慢和永无休止的例会。他想要推动工作，但是往往会遭到各种或明或暗的阻挠，因为人们害怕加速工作会导致纰漏。

其实，这家国际旅游公司面临的困境中包含着某种微妙的讽刺，而除了首席执行官，其他人都明白讽刺在哪里。因为，在公司中制造恐慌的正是首席执行官和他代表的高层领导们，他们对员工的指责，对失败的处理方式让员工们在工作中更愿意明哲保身，而不愿意承担风险和责任。讽刺的是这些领导者往往没有意识到这一点。他们采取的态度和方法使公司的工作方式和文化氛围蒙上了一层阴影。在我看来，他们急切需要的是在文化上的重大变革，在此基础上发展更加敏捷的工作方式。而改变必须从高层开始，高层人员需要充分认识到他们正是问题的核心，然后不断改进他们的工作方式，及时给予员工信任而不是等待员工的信任，在此基础上重建人们的信心。这绝非易事，在数字世界里，竞争往往既激烈又不可预测，这是我们无法逃避的。如果没有敏捷的组织文化，你就无法构建一个敏捷组织。

2017年，我们采访了时任英国著名零售网站Hobbycraft首席执行官的卡特里奥娜·玛莎女士（Catriona Marshall）。卡特里奥娜曾在阿斯达宠物公司（Asda and Pets at Home）担任高管，随后她晋升成为Hobbycraft的首席执行官。我们问她，在担任高层领导时，你认为什么样的行为有助于形成真正的敏捷领导力，她的回答十分简单：

> 信任。你必须信任你的工作伙伴，并将信任坚持到底。所以在很多事务的处理上，你必须保持正确的平衡，在商量和确定项目目标与提供重要的条件支持之间保持平衡，无论是时间、技能，还是预算；然后相信你的工作伙伴会尽力去完成，在需要时给他们支持和建议。

卡特里奥娜十分重视信任，她认为作为领导者，信任员工是你的天赋，即使工作出现了一些问题，也应该努力共渡难关。我曾经接触过一些职业管理人士，他们认为是员工应该赢得他们的信任，信任可以自行决定给予，或是拒绝给予。然而这并不能称作是信任，这只是有条件的支持，这甚至是一种具有破坏力的方式，会损害健康、敏捷的文化。

什么是敏捷文化？正如我们在第一章中所说的，这是一种互相连接的文化，具有平衡好、力量强、速度快以及协调性和持续性的特质。该章对整合领导力（Hayward, 2016）的简要讨论展现了敏捷文化的六个主要因素：

1. 领导层承诺：在敏捷工作方式中，员工们真正地觉得自己获得了高层领导的支持。

2. 一种共同的目标感和明晰的方向感：如果工作任务明确、优先级是一致的，员工们就可以更快地采取行动，因为他们能够确认自己的行动与组织的预期方向是一致的。
3. 真实可靠的领导（authentic leadership）：领导者是组织中价值观的模范，并且向组织内部灌输信任的观念。当我们信任我们的领导，也能被他们信任时，我们有更大的心理安全感，往往也更有可能勇于承担风险，大胆行动。
4. 决策下放：决策要尽可能地接近客户需求。虽然有些战略性决策应该由领导核心做出，但绝大多数的决策还是由专家和更加了解客户的员工来做更好。
5. 跨团队、跨职能、跨专业的协作：团队合作和跨职能工作是处理事情的基本方式，这种公司文化广受认可，深入人心。
6. 关注和鼓励实验和持续反馈：向客户取经，对新的原型产品反复测试，并广泛分享结果，这样就可以对客户进行差异性报价。

当这些因素结合在一起时，他们就创造了一种鼓励人们快速而自信行动的文化，就像上文中提到的大获全胜的足球队和鼓舞人心的管弦乐团。然而，在日益复杂的数字世界中，建立并保持一个强大的互联互通的文化越来越困难了。因此，我们不妨一起探索一下复杂性理论与领导力之间的关系，这样就可以理解如何将组织文化中的力量与灵活这两个方面结合起来。

复杂领导力

复杂性领导理论（CLT）是领导力研究的关键领域之一，它渗透在敏捷文化的上述六个因素中。在如今瞬息万变的（VUCA）数字世界中，我们生活的环境越发复杂，潜在的混乱涌动和结构性改变越来越多见。敏捷领导力悖论包含的两个方面：既作为一位推动者，又作为一位突破者，正是关于如何在混乱的边缘生存，在不稳定性中航行，致力于建立一个稳定有效的组织。改变和稳定往往并不是对立的，而是统一的。麦肯锡的研究证实了这一观点："根据我们的经验，真正敏捷的组织，反而既能保持稳定（有弹性、可靠、高效），又善于改变（快速、灵活、适应性强）。"（Aghina et al., 2015）

复杂性领导理论从复杂系统理论中演化而来。该理论指出，在动态情境下，自适应系统要优于静态系统（Coveney，2003）。我们需要适应变化的环境才能生存，在加速变化的数字世界中，我们需要不断学习和理解我们周围发生的事情。斯黛茜在《复杂性的科学》（*The science of complexity*）（Stacey, 1995）一文中讨论了"远离平衡状态"运作的组织，其中消极和积极的反馈可以推动行为的变化，增加创新和创造力。斯黛茜并没有试着去减少不确定性，反而认为不确定性有时能成为变革组织的催化剂。我们需要接纳周围的不确定性，并在整个组织中创建团队，以根据不断变化的客户预期和竞争对手的活动进行发展。

如果我们想要这些团队有信心地行动，他们需要确定高层领导将会给予他们强大的支持。他们需要明确组织的发展方向，以及这个发展方向为什么这么重要，这样他们才能让自己的努力与这些目标和宗旨保持一致。他们需要感知到信任，拥有授权，对不断变化的情况采取适当行动，并了解在何种范围内做出决策是安全的。他们同时也需要明白什么是可行的，什么是不可行的，并且多次实践。他们还需要与其他团队分享这一点，以推动创新和改革。如果领导者不能授权让团队去做这些，那么组织必然因不能应对变化的环境而遭遇失败。

我们知道，平衡是任何人、任何组织在实践中做到敏捷行动的关键。在本书中强调的领导力悖论包括的推动和打破这两个方面构成的一组平衡就是一个例子；上文中谈及的稳定和改变也构成了另一组平衡。复杂性领导理论呼应了组织中平衡的需要——组织既要以一种一致和连贯的方式运作，也必须应对和适应不断变化的外部环境。复杂性领导理论区分了三个领导职能（Uhl-Bien et al., 2007）：即管理职能、适应职能和能动职能（adminstrative, adaptive, and enabling）。这三种职能在组织中创造平衡，以便在不可预测和不断变化的环境中取得成功。

管理职能与组织中的官僚要素有关。它体现于“在组织中担任的某个管理职位中，反映了旨在推动业务的传统的管理流程和职能”（Uhl-Bien & Marion，2001）。乌尔-古德和马里恩（Uhl-Bien & Marion）的研究指出，管理职能“承认组织机构不能完全摒弃官僚机构的作风，但可以尽力去减少和消除烦冗复杂的部门主义”。管理职能是组织的脊梁，将各个部分连接起来，并将目标统一成一股连贯的力量，就像麦当劳的高效运作模式供应链一样，统一的管理保证了麦当劳能够在世界各地提供一致的服务。

要平衡这个强大的核心管理职能，你还需要一个强大的适应职能来帮助组织应对环境中的快速变化。领导力的适应职能角色创造了一个环境，通常表现在组织的边缘地带，人们可以与客户、竞争对手及其他行业进行学习交流，在瞬息万变的环境中生存的一些新方式。这是组织的动态皮肤，感知、适应着外部世界，就像Zara的零售店一样，零售店团队通过仔细分析日常购物情况，来了解当地顾客的购物需求。领导者的适应职能在军事背景下就是冯·克劳塞维茨所称的“friktion（摩擦）”，这个词指的是长官和其手下之间的关系（Bungay,

2011），战争中的行为往往是混乱的、不可预测的、和情境密切相关的。虽然战场上执行命令高于一切，但是战场上的军官也需要自主行动，他们基于对任务的清晰认识，在预设的框架中，灵活地对遭遇的情况作出反应。

战场上执行命令和灵活适应这两种需求常常是对立的，组织中的管理职能和适应职能也构成了动态的对立关系。为了解决这个问题，我们还需要第三个职能，即能动职能，介入管理和适应这两种动态的紧张关系中。能动职能旨在“给组织松绑——刺激创新和创造力、反应能力和学习能力，管理持续适应变化的能动性；在给组织松绑的同时仍然保有清晰的战略重点，避免过度和失控”（Uhl-Bien& Mairon, 2011）。能动职能是组织的平衡力量，如果把“组织”看作一个完整的身体，那么，能动职能就是这个“身体”的神经和肌肉，只有两者的协调行动，我们的身体才能敏捷行动。

领导的角色就是在组织中创建一种连贯的文化，这种文化以一套价值观和共享的行为准则为基础。领导者往往具有某些共同的属性，例如突出的自我意识、强大的道德定性、信息接收和反馈的平衡处理、与下属之间开放坦诚的关系。这四个属性使得领导力变得真实可靠，有助于领导者赢得更多的信任，反过来又可以支持管理职能和适应职能之间的和谐关系。在图4.1中，我们可以看到能动职能如何平衡“控制与适应”“一致化要求与自主学习”这两对关系。

最后，理解领导者的三种职能如何和谐地相互配合是很重要的。你是否有稳定的价值观、稳健的系统和完善的流程来保持组织的凝聚力？你是否有创新的团队来创造新的价值和竞争方式？你是否拥有一个足够强大的组织文化让员工都能自信地跟随组织的方向和目标发展？平衡是永恒的主题，无论是组织中心和组织边缘领导力的平衡，还是在个体层面上的情商和道德之间的平衡。复杂性领导理论为我们提供了一个文化框架，为敏捷性的发展提供了一个有益的环境。敏捷的组织既需要强大的管理核心，也需要拥有授权的团队积极进行创新和变革，复杂性领导理论将这两者紧密地结合在一起。

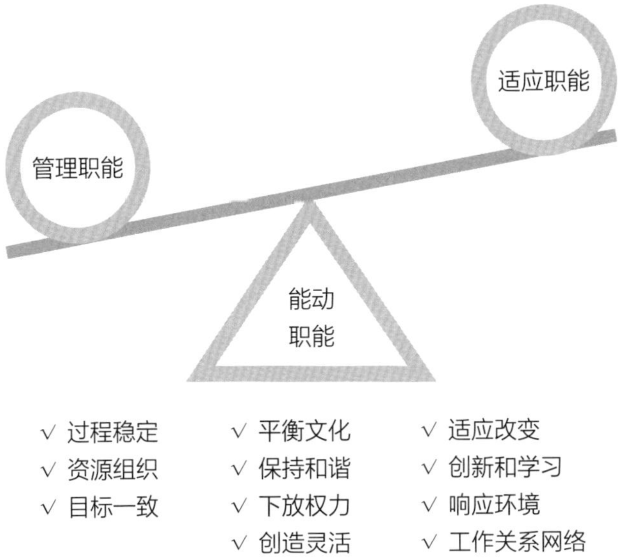

图4.1　复杂性领导力理论

数据来源：Uhl-Bien和Marion（2011）。

2. 清晰和透明

除了企业文化方面的阻碍，创建敏捷组织的第二个障碍，就是你对自己在组织中的工作缺乏明确的目标、角色定位和预期。清晰和透明是管理职能的一部分，因为透明度是有效治理的一部分。我常常看到许多大型组织由于复杂的官僚主义不堪重负，这往往是由其组织文化中的监管环境和过度风险管理所致。缺乏透明度的官僚主义作风往往会使组织的决策和行动落后，这些组织与数字世界的竞争对手相比，它们发展速度更慢、更缺乏竞争力。消除官僚主义是一个真正的挑战，这通常是因为，中层管理人员偏爱官僚主义，官僚主义就像一条舒适的毯子，既温暖又令人安心。

缺乏透明度使组织效率低下，也阻碍了实验和创新的展开，而这两方面都是敏捷工作不可缺少的。当你充分给予员工自由去适应实验时，你需要保证你也提供了真实和清晰透明的目标：你的目的是什么？你对团队分工怎么安排？ 你对交付的产品和行为标准又有怎样的预期？引用在线服装零售N Brown首席执行官安吉拉·斯宾德勒 的话，只有清晰和透明才能帮助实现敏捷工作，才有助于结果的改变：

> 组织领导有责任制定一个真正清晰明确的工作框架。如果既追求敏捷工作又不能建立一个明确的框架，那你基本上是在制造混乱。因为你虽然将权力下放，但是你没有明确工作任务，而且你也没有告知你的员工你期待他们如何实现敏捷工作。但是，如果你自信这个框架已经建立了，那么将权力下放给这些团队，尤其是产品所有者，这的确会让工作进度变快。

在安吉拉的领导下，N Brown公司已经转变成为一家灵活的在线零售商，近年来公司发展稳步前进，市场份额不断增长。

另外一个例子是，在一家领先的房地产公司，我们举办了一场“新点子篝火会”，整个公司的高层领导在一起讨论并比较了他们正在跟进的多个项目和工作流程。他们讨论后，决定保留一些他们共同认为可以创造更大价值的项目，其他人纷纷赞成，这场谈话中，他们毫无保留地交换了意见。他们对本公司正在努力开展的目标有一个明确的愿望，所以很快就明确了哪些项目可以真正地帮助他们最有效地实现这一愿景。我们将在第五章中探讨严格的优先级对于组织发展的重要性。

3. 贴近客户

敏捷工作的一个基本原则是与客户保持密切联系，一旦产品投入运营，就需要跟客户一起测试产品，无论客户身在何处，员工都要定期从他们那里得到反馈。这种紧密关系可以帮助你更快速、更经济地交付有价值的产品，也可以尽可能地消除无效创新的风险。敏捷的产品和服务开发正是通过迭代这种方式来增加客户的参与，降低风险，加快产品发布的速度。这种方式广泛地用于从软件开发到航空航天业和服装零售等领域。

在服务业与客户保持密切合作同样重要。例如，如果你在培训一线员工时告诉他们在服务客户时要灵活机智地解决问题，那么客户更可能成为公司的忠诚客户。同时也要向服务中心的员工提供有关客户购买模式、偏好和利润的准确信息，并授权他们在一定范围内做出决定，这样，员工可以更快地帮助客户解决问题，或者增加每笔交易的平均订单价值。例如，使用这种方法帮助一家英国的电信运营商在过去的两年内，将客户净推广得分从0提升至20，而且该公司的得分还在不断提高。在一家挑战者银行，通过此种方法，保险产品的销售转化率从40%提高到48%。这些成功经验证明改善客户体验能降低公司成本，增加效益。

如果你的组织本身拥有紧密合作的企业文化，员工们有清晰的岗位目标，那么你可以从客户与一线团队之间的互动中创造竞争优势。对于某些大型国际机构，不仅等级森严，而且劳动力全球分散，这些做法可能很难实现。为了有效地打破组织的内部聚焦和官僚倾向，需要引入一个以客户为中心的催化剂。我们可以通过在组织内部创建一个“初创小公司”作为孵化器，为新的想法提供时间、空间和资源；或者通过收购一家以客户体验为中心的公司，保护其文化，通过渗透作用影响组织内部。

我在一家全球服务公司看到了创新路线的典范，这家公司成功创建了一个致力于创新和敏捷工作的中心。这个中心将来自不同国家的员工聚集在欧洲总部附近一个特别设计的工作空间。该中心的目的是重新关注和改善整体的顾客体验，尤其关注数字化体验。这一中心作为一个独立的工作环境，共同创造未来客户的体验。该中心与这家全球公司的其余部门有着不同的文化，专注于开展与客户的密切合作，以客户体验驱动创意生成和产品测试。

这个特别的孵化中心成效显著，还在于它的运作是基于一个明确的时间框架，这加速了创新。中心的员工加入团队，开展为期八周的紧张工作周期，即八周的时间将一个概念从初始想法发展成雏形。然后员工们再回到自己原本的工作岗位上，与同事们分享他们所学到的东西，传播更加敏捷的工作方式。

渣打银行（Standard Chartered），是一个提供金融服务的跨国公司，整个组织都采取了敏捷的工作方式。领导效能与组织发展的全球领头人物伊万·克拉克（Ewan Clark）表示：

银行对于控制和治理要求非常高。我们是一家受监管的金融服务机构。这同时也阻碍了敏捷工作方式的开展。像我们这样的大型组织如何能与外界变化保持一致呢？我们克服这一挑战的方式是用区分法来看待问题。我们需要明确哪些领域可以成立敏捷工作团队，同时保持组织必需的管理和控制级别。我们发现，在有些项目采用敏捷工作法，而有些工作则不然；敏捷工作不是对所有工作项目都适用的。

在新加坡，渣打银行创造了一个根据目的打造的外部环境以鼓励敏捷工作。伊万 · 克拉克表示：

我们在组织内设有一个卓越者（exellerator）创新实验室。这基本上是一个渣打银行内部的创新实验室。任务是帮助公司以更有创造性和创新性的方式来解决问题，给公司引入不同的工作方式。这是一次成功的尝试。此外，我们还有一个用户体验团队。这些团队的大部分队员来自各个初创公司，他们带来了新的能力和思维方式。来自不同行业的交流和孵化极大地促进了多样化的工作方法产生。敏捷是一种富有感染力的工作方式，以一种文化的影响渗透融入整个组织，我们能够感受到这种影响。

案例研究

向成功的初创公司取经

成功的创业公司往往都会因其敏捷的工作方式受到赞赏。这些创业公司往往不会受到官僚主义的束缚，它们的经验往往都是大公司期待能从中学习和受益的。“碰撞机”（Collider）是由罗斯·路易斯（Rose Lewis）创立的一个组织，旨在促进大公司和新创公司的相互学习和合作。“碰撞机”将创业团队和投资者连接起来，帮助初创小公司将创新经验带给大公司，最终使投资者收获回报。

罗斯表示，大多数大型组织都想变得更加灵活，但传统上，这些大公司的做法是从内部创新做起。而与新创公司合作是一种将敏捷思维带入组织的新方式，在企业内注入新的创新想法，从而有助于推动内部创新。哪怕是谷歌那样的大型科技公司，也会不断地引入外部资源。目前，这种做法已经被越来越多的大公司采用。

罗斯还观察到，与创业公司合作最成功的一些大公司往往和高层领导在理念上的认可及政策上的支持分不开。领导层充分认识到敏捷的重要性，支持不断引入外部价值，让员工接受敏捷思维方式，学习新事物，尝试不同工作，允许人们犯错。反之，没有领导层的支持，新创公司的经验往往得不到实施，公司还是会在原地踏步。

一个成功的案例是在线服装零售商N Brown，其首席执行官安吉拉·斯宾德勒设立了一个名为JD Works的创新中心。JD Works创新中心正是大公司与创业小公司合作的成果。创业公司的技术团队寻求与N Brown合作开发以技术为主导的方案，来解决该公司面对的一些重要的客户挑战。安吉拉相信，这些方案有助于使N Brown从众多竞争对手中脱颖而出。安吉拉表示：“我认为我们已经成功地将一些大型、成熟的传统型业务与创业公司的创业节奏和创新态度结合在一起，我们现在发展的态势良好。”

JD Works创新中心只是安吉拉为敏捷发展而引入的改变之一。“我们已经做出了相当大的改变，从一个在活动计划、组织设计和库存管理方面高效和固定的模式，转变成了一个更加灵活的模式。在这个季度我们正好可以进一步做出一些改变。”安吉拉表示：“如今客户不再像以前那样提前做出计划，所以我们也不能这样。客户会一时冲动，提出一些期待，他们希望自己的期待马上能得到满足。如果你这次失去了客户，那么你就永远失去了客户。这是一个并不宽容的零售环境，所以我们需要更大的灵活性来更快地满足客户期望的改变。据我的经验，如果你让客户满意了，那么商业利益也会随之而来。”

与之相关有一个实例，2016年英国电信集团（BT Group）收购了英国最大的移动手机公司EE。英国电信并没有迅速将EE纳入其组织架构，而是保留了EE的相对独立，并通过一系列协调的互换，调整了两家公司之间的员工，以鼓励BT的员工在EE学习其管理模式和创业精神。从目前的结果来看，那些从EE加入BT工作的高级经理们大大提升了BT的决策速度，并在全公司范围内与客户建立了更多的联系。关键是，BT的高级领导人也意识到了他们可以从EE那里学到一些经验，然后采取了具体的步骤，以一种可持续的方式鼓励互相学习。

4. 协作和合作

团队、职能部门和组织之间的合作正成为数字世界中推动创新的一种新形式。普华永道（PwC）最近的研究证实了这一趋势：

更具包容性的运营模式，如开放创新、设计思维以及与合作伙伴、客户和供应商合作创新等模式越来越受到青睐，支持

这些模式的公司是仍然采取传统研发模式的公司的两倍之多。（PwC, 2017）

然而，我从大型组织和中型组织中了解到的最常见的问题之一就是，筒仓壁垒阻碍了创新和敏捷工作。影响业务绩效的一个关键领域是零售商如何为客户提供无缝体验，尤其是当前的客户体验跨越了几个不同的接触点。据2017年JDA软件公司与普华永道（JDA/PwC）合作对零售业首席执行官发起的一项调查发现，大多数首席执行官都将投资集中在数字转型上，他们投资的首要任务是消除阻碍客户无缝体验的筒仓壁垒。这项对全球300多名零售和消费品首席执行官的调查显示，“拆除筒仓壁垒是盈利的关键”。然而，调查还发现，“只有18%的公司能够做到消除筒仓壁垒，为客户提供无缝的购物体验。”正如我们之前所说的，这些改进对公司收入和盈利能力的预期增长产生了重大影响，所以影响了组织的财务业绩。

在数字世界，团队协作已经成为一个关键的问题。作为一个领导者，确保你的团队高度互动，为你的团队与其他团队和组织创造合作的机会，你可以成为其中的榜样。记住，你们的技术是互补的，你可以通过合作创造更多的价值。英国最大的宠物用品零售集团Pets at Home Vet Group的首席执行官莎莉·霍普森（Sally Hopson）指出，多样化的团队对于促进成功有着重要作用：“在一个敏捷的世界里，多样性很重要。你需要不同的团队，他们可以分享不同的观点。那些有过跨多个职能部门工作经历的领导者对此拥有更多的经验和理解，这有助于鼓励更深入的协作。”我们将在第六章更深入地讨论“协作是敏捷工作的核心”这个主题。

你还可以通过引入更灵活的工作模式来提高协作的级别。我们的劳动力人口结构正在不断变化，退休政策也在不断变化，全球化的工作常常需要7×24小时的工作模式（Cannon, 2017）。例如，英国敏捷未来论坛（ Agile Future Forum）的研究发现，有效采用更灵活的工作实践，带来的价值相当于3% 到13%的劳动力成本创造的价值（Cannon, 2017）。共享劳动力倡议，可以鼓励更灵活的项目，以满足不断变化的需求。多技能合作可以使人们能够在更多团队和部门之间工作和发展。我们将在第九章中探讨更多这样的例子。

案例分析

英国和记电信如何建立敏捷商业

做对了（#makeitright）

像大多数渴望变得更加敏捷的组织一样，和记电信一直在路上，一条敏捷化的路上。和记电信的宗旨是让和记成为通信行业里同事和客户公认的最受喜爱的品牌。和记的Logo“做对了”就蕴含了公司的宗旨，即让移动通信变得更加公平、更加高效。和记电信的核心理念是：以客户驱动、协作和敏捷的方式工作。互联互通是和记电信的一切：即人人互通，人物互接，物物互联。

和记电信公司成立于2003年，当时英国政府热衷于解决移动电信行业缺乏竞争的问题。尽管它很快就因创新闻名并且在市场中站稳脚跟，但它早期以贴现方式推动增长的做法，再加上对客服投资的缺乏，导致业绩逐渐下滑。

戴夫·戴森（Dave Dyson）于2011年被任命为和记电信首席执行官，他认为公司逐渐背离了“使移动变得更好”的目标。在前任工作的基础上，戴夫重新明确了业务重心，挑战移动通信规则。众所周知，和记电信是第一个取消海外漫游费的英国移动运营商。戴夫很清楚，仅仅有好的想法是不够的，必须将这些想法实现为产品和服务投入市场，而这些开发和敏捷工作实践是分不开的。于是，他着手加强发展可持续的领导力，开发符合和记电信目的和目标的技能与行为。这些做法提高了决策的速度，确保业务能够更好地应对不断变化的市场机会和客户需求。自从他成为首席执行官以来，和记的客户满意度显著提高，业务也开始盈利。

戴夫观察到，人们会经常改变自己的想法，技术更迭也十分迅速。和记电信在一个非常动态、快速变化和竞争激烈的市场中运作，敏捷商业是至关重要的。同时，电信行业的特点是创新迅速，移动业务与宽带、电视等其他媒体等有大量的融合。他预测，未来的大部分业务将来自新的客户群体和新的收入来源。

因此，戴夫认为，为整个组织制订一个明确的计划十分重要，这为以主动而非被动的方式管理业务提供了基础。随着业务的增长，公司开发出了更复杂的活动组合，优先级变得越来越重要。戴夫认为，如果没有优先级，企业最终可能会失去敏捷性。

核心行为

和记电信将敏捷、客户中心和协作定义为核心行为，并且将其应用于组织内部。戴夫认为，“这些行为给予和记电信一个竞争优势”。和记还对组织构架进行了精简，对繁复的层级结构做了削减，用来支持以客户为中心的工作方式。客户能更加清晰地了解组织内部结构，也意味着决策可以更加符合客户的期待，从而实现最大的成效。

戴夫也提倡清晰和密切的沟通。他说：“我们需要提前了解我们希望取得的成果，使公司会议更加有效。例会尽量控制在一定时长内，以便参会人员能够快速做出决策。这使公司变得更灵活、更敏捷。同时公司还增加了整个业务中的沟通频率和广度，员工可以及时获得信息开展工作。”

随着业务变得越来越复杂，“快速失败，快速学习”（fail fast and learn）的原则也越来越重要。戴夫表示，我们希望实现更多的目标，但这最终取决于大家的时间安排。“尽管我们在不断提高能力，但要做的工作总是比我们实际能提供的服务多。”如果某个项目没有实现预期的效果，或者前景不佳，那么越早决定停止投资，将投资转向其他的活动，公司的效益就越有保证。

此外，追求完美常常并不能带来好的结果。根据和记电信领导力发展计划的一项分析，大多数的领导者都希望能够取得完美的成果，而这正阻碍了速度的提高和成果的交付。因此，公司采取了一些做法来改变这种行为。正如戴夫所说，“如果你尝试制订一个完美的计划，那么你就会延迟开始的时间。如果你在全力投入某项工作之前，必须有一个合理的计划，或者确信这项工作是正确的，而这些需要花费太多的时间，这个平衡不好把握。如果你有许多追求完美主义的管理者，这对公司来说确实是一个挑战；但是，显然我们也不想做一些破坏客户体验的事情。所以，我们当然需要保留一些保守主义的做法来确保和维护品牌形象，但同样，有时我们应该带着‘没有最好，只有更好’的想法去行动”。

和记电信的员工非常清楚他们的工作和公司的目标之间的联系。首席运营官格雷厄姆·巴克斯特（Graham Baxter）指出，“当公司的商业模式更加敏捷时，你会有更敬业的员工，因为他们在工作和提供业务成果之间明确了目标。更敬业的员工更有信心去执行政策。于是，在确保这些决策和行动符合公司整体目标的同时，可以以更快的速度、更低的成本交付产品。从长远的角度来看，这也意味着你将带领公司走向发展，以迎接新的挑战，因此你不会落后于时代。目前，我们公司的整体表现每个月都在提高。无论是在我们的客户联系中心工作，还是在我们的实体店工作，每个人都能认可敏捷工作。我们不是奖励个人的努力，而是奖励团队的成果。我们鼓励团队思维，并将人们以一个共同的目标团结在一起”。

敏捷工作方式

和记电信在软件发展上十分敏捷，采用了更广泛的跨职能部门等敏捷的工作方式。格雷厄姆说，许多人认为敏捷意味着没有规则，但事实并非如此。“实际上，敏捷只是一个过程框架管理，它能起作用正是在于要严格按这个流程行事。我们越来越多地关注一个业务问题，并且寻求解决这个问题的方法。然后我们要从整个公司甚至整个行业去寻找具备这些能力的人才。我们组成了一个相对独立的团队，它有明确的目标，受到严格的管理。这个团队没有制定长期的目标，而是从短期目标开始。他们清楚自己需要完成什么任务，也明白自己应该达到的绩效指标（KPI）。”

引入敏捷工作方法往往会带来挑战，因为人们习惯了更长期和更周全的项目计划。他们更希望能从六个月的工作中知道确切的成果。格雷厄姆说：“你必须放弃这种不切实际的想法。采用这种更灵活的方法，你并不一定确定你会得到什么成果，什么时候能得到成果。其实这就是重点，你一直在不断地重新调整和测试。如果你打算以为期两周的冲刺方式来做项目，那么你应该以最小可行产品为目标，看看你在这两周内进展了什么。至于你在什么时候才能交付产品？你并不知道，你只能一步一步地去做。思维上的转换往往能带来更快的进展，我们正在适应这种思维方式。与传统的工作方式不同，传统的方式是做好计划然后按时交付成果。敏捷方式不是这样，敏捷方式可不是简单建立一个敏捷团队，然后说，‘我想要一个全面完整的项目计划，告诉我完工时间和预期成果’。这两种方式不兼容，你必须选择其中一个或者另一个。”

和许多已制度化的组织一样，和记电信当中有一部分人以敏捷的方式工作，有些人和部门则采取更加传统的方式，这可能是一个问题。格雷厄姆说：“要想让敏捷团队更有效，与他们有业务往来的部门也需要有一定的灵活性。例如，如果你有一个敏捷开发团队，你需要的不是财务部门条条框框不分巨细的管理，比如用比传统瀑布开发模式更适合的高度结构化的方式处理财务问题。如果你的团队是在一个财务流程有三个月之久的环境下工作，那么你也无法有效进行敏捷开发了。如果你正在建立敏捷商业，正尝试从传统项目主导的瀑布开发模式，转变为敏捷开发模式，那么转变不可能一蹴而就。一开始，敏捷团队会因为遇到这样那样的阻碍感到沮丧，或者在与其他使用传统工作方式的部门合作时引发摩擦，这是一个艰难的过渡”。

和记电信认为，授权对于开发更敏捷的工作方式至关重要。我们鼓励领导人下放决策责任。领导层要提供清楚的方向，并且商定好目标和预期，但他们不会直接参与推动解决方案。领导者还应确保每个团队具有实现目标所需的能力。可以要求团队定期报告进展，但重要的是领导者要通过不“全盘接管”来表现出对员工的信任。持续进行的领导力发展计划可以帮助领导者根据公司的总体目的和目标，熟练地进行指导，帮助团队制定适当的任务计划和目标。所有这些都有助于在迈向真正敏捷的过程中保持动力，以完成和记电信公司成为通信行业最受欢迎的品牌的目标。

本章小结

敏捷组织更能够适应快速变化的数字世界，所以思考哪些障碍阻碍了你优化自己组织的灵活性是很有帮助的。大部分研究都会建议你应该特别注意以下四个因素：文化、清晰和透明、贴近客户、协作和合作。如果你可以在拥有适当的管理结构、健康的适应创新方法和激发共同的使命感的企业文化三者之间取得平衡，那么你就可以顺利地构建敏捷商业。

你可以评估一下你自己的组织中是否存在一些因素阻碍了以下几点的实现：

- 企业文化给予员工采取行动的信心。
- 清晰的愿景、员工角色和工作期望。
- 贴近客户，与之保持密切联系。
- 协作和团队合作是组织运作的核心。

对你来说，最大的挑战是什么？你首先应将注意力放在哪里，以减少障碍，加快敏捷发展？你可以将以上的四个方面重新排列，从1排到4，放在第1项的是最大的挑战，第4项是最小的挑战。对于第1项，建议你回顾本章与之相关的内容，并选择一个可以在实践中应用的方法。在下一章中，我们将探索更多的方法来消除这些障碍，帮助你在实践中建立敏捷商业。

参考文献

1. Aghina, W, De Smet, A and Weerda, K（2015）Agility: It rhymes with stability, McKinsey Quarterly, December.

2. Bungay, S (2011) The Art of Action, Nicholas Brealey Publishing, Boston, MA.
3. Cannon, F (2017) The Agility Mindset, Palgrave Macmillan, Basingstoke.
4. Coveney, P (2003) Self-organization and complexity: A new age for theory, computation and experiment, Paper presented at the Nobel symposium on self-organization: the quest for the origin and evolution of structure, Karolinska Institutet, Stockholm.
5. Goran, J, LaBerge, L and Srinivasan, R (2017) Culture for a digital age, McKinsey Quarterly, July.
6. Hayward, S (2015) Successful factors in the transition towards distributed leadership in large organizations, University of Manchester, Manchester.
7. Hayward, S (2016) Connected Leadership, Pearson, London.
8. JDA (2017) CEO Viewpoint 2017: The transformation of retail, JDA, (last accessed 5 November 2017) .
9. PwC (2017) Innovation Benchmark Report, PwC (last accessed 5 November 2017) .
10. Stacey, R D (1995) The science of complexity: an alternative perspective for strategic change processes, Strategic Management Journal, 16 (6) .
11. Uhl-Bien, M and Marion, R (2001) Leadership in complex organizations, The Leadership Quarterly, 12 (4) .
12. Uhl-Bien, M and Marion, R (2011) Complexity leadership theory, in (eds) A Bryman, D Collinson, K Grint, B Jackson and M Uhl-Bien, The Sage Handbook of Leadership, Sage, London.
13. Uhl-Bien, M, Marion, R and McKelvey, B (2007) Complexity leadership theory: shifting leadership from the industrial age to the knowledge era, The Leadership Quarterly, 18 (4) .

第二部分

敏捷商业实践

THE AGILE LEADER

第五章 严格的优先级化

引言

敏捷工作的一个关键就是严格的优先级化。要想成为一个更加敏捷的组织，关键在于能够做出艰难的决策。这意味着，你必须确定正确的优先级，及时采取行动并且时刻跟进进展。决定了工作的优先项目，你就可以把自己从冗杂的工作中解放出来。就像顶尖运动员每天都要早起训练一样，敏捷的领导者每天都将面临抉择，安排资源配置。和优秀的运动员一样，敏捷的领导者需要一心一意，目标明确，尽量让自己避免受到外部影响的干扰。因此，“严格”（ruthless）一词表明了坚定的决心。制定严格的优先级会让各种工作更加清晰。

本章中，我们将探讨你作为领导者可以应用的一些有效方法，以帮助你在组织中发展敏捷力。我将介绍三种有助于实现“严格优先级化”的方法，用以帮助你的组织在运作上更加清晰透明。

1. 成为产品所有者；
2. 把握重点；
3. 追求简约主义。

如果你在工作中将精力集中在与客户需求和组织发展最为相关的少数事项上，那么你就可以用最小的成本，获得最大的收益。这样也有助于你能够快速、有效地创造机会或抓住商机。如果没有持续的严格优先级化，这本书其余章节讨论的内容将很难实施。

自我思考

在阅读本章时，思考如下三个问题，将有助于你提炼成为敏捷领导者的核心观点。

- 你知道客户的最大需求吗？
- 你目前最重要的任务是什么？
- 目前有什么任务是可以搁置的？

你就是产品所有者

如果我们回到第三章中谈到的Scrum方法，这次是在你的组织中这个更大的范围内，而不是在一个单独的开发团队内，思考你作为领导者的角色以及在过程中的相关性，这是十分必要的。如果你是团队领导，那么你就是团队的产品所有者。如果你是首席执行官，那么你实际上就是企业的产品所有者，拥有整个企业产品的所有权。首席执行官的最终职责是，根据客户不断变化的需求和期望，设定业务的总体优先级，与整个组织中的各个领导进行层层联系。无论你在什么阶段，你都要有一个清晰的目标，并且必须和跟你共事的同事及时沟通。如果你的目标不够明确，就有可能造成团队混乱。如果你目标明确且与客户达成了一致，你就可以决定优先级，这样其他同事才能够快速、有效地协作。

我们从整合领导力中得知，决策权力的下放有助于创造更大的敏捷性，其核心就是将整个组织的决策逐层放权，并且一致地向整个企业的目的负责。这样员工能够更加贴近客户，他们就能以一种符合整个企业的整体愿景和目的的方式做出正确的决策。每个经理都有责任保持这种一致性，并确保他们的优先级和行动都服务于组织的整体优先级。

主要任务

如果你对每周、每月、每年需要完成的目标有一个清晰的规划，你可以调动员工的工作热情来实现。正如史蒂芬·柯维（Stephen Covey）所说，“最重要的是要保持主要任务始终处于主要地位”（Covey, 1988）。在组织往敏捷方向发展的过程中，领导的角色就是明确“主要任务”，并且让每一个员工都专注于实现“主要任务”。正如在上一章中所讨论的，清晰度是实现敏捷性的关键。我希望，无论在短期还是长期规划中，你都要明晰主要任务是什么。不断问自己，明天要完成的首要工作是什么？然后专注于完成这个任务，在完成该任务之前不要随意切换到其他任务。同时还要继续问自己，组织长期的首要任务是什么？然后把组织的资源和精力集中在实现首要任务上，尽可能地减少其他活动。在下面的案例研究中，我们将看到Haymarket从一个印刷出版商转型为一个数字化全球媒体公司的过程。

案例研究

Haymarket媒体集团：以明晰的优先级适应变化着的环境

Haymarket媒体集团于1957年在英国成立。随后的几十年里，该公司的商业发展位于市场领先地位，发行和出版了大量出版物，例如《今日管理》（*Management Today*）、《Campaign 广告杂志》

（*Campaign*）、《442杂志》[1]（FourFourTwo）和《汽车世界》（What Car），并赢得了广泛的国际声誉。

如今的Haymarket与初创时相比简直发生了翻天覆地的变化。该公司目前在欧洲、亚洲和美国拥有70多个品牌。它采取了以数据资讯为主导的策略，为世界各地的高价值和密切联系的客户提供专业的内容和服务。对公司来说，虽然印刷产品仍然是公司业务的重要组成部分，但这完全取决于读者的需要。这种以受众为主的策略使Haymarket得以迅猛发展。在这一过程中，Haymarket可以开发适合其市场的平台解决方案，进一步发展传统品牌，并创造新的业务方向以适配电脑、移动手机和现场活动的需要。一直以来，Haymarket遵循"了解读者"的组织文化，并不断推出创新的、敏捷的方式来满足读者客户的需求。

现任首席执行官凯文·科斯特洛（Kevin Costello）在1994年作为咨询专家加入Haymarket。一直以来，他对这种发展方向的潜力和可能价值很感兴趣。很明显，即使在那时，他就认识到了，企业发展的驱动因素主要是读者受众，必须摒弃旧的发展模式，转向打破性的创新模式。Haymarket在1975年进入了美国市场，从1999年开始，该组织就开始在国际社会上广泛寻求发展机遇。大约在同一时间，它开始投资数字科技公司。凯文表示："我们很好奇，我们发现受众开始使用网络了。我们看到了网络发展的机遇，我们要进入新的市场，提供不同的服务。"

推动变革的步伐

凯文仍然记得20世纪90年代末比尔·盖茨在消费技术行业国际大

① 《442》是英国发行的足球杂志，其名称来自足球运动中经典的442阵型。

会上的发言，他深受启发。他说：“当时便有一个明确的信号，互联网将推动人们改变的步伐。此后我便明确了改革的决心——我们要自己把握命运。由于技术创新和消费者行为的改变，传统媒体行业受到了冲击。很明显，摆在我们面前的有两个简单的选项：逃避威胁和抓住机遇。我极力说服Haymarket挑战自我，利用新兴技术，打破我们自己的传统模式，看看我们能从中收获什么，看看我们能创造什么机会。现在回想起来，我认为我们早期在数字技术方面的投资相当勇敢，所做出的决定是开创性的；在那个阶段，我们更多的是好奇推动了变革，并没有很明晰的策略。”

时间来到2010年，凯文成了首席执行官。他说：“那时，我们看到了国际市场的机会，但我们缺少国际战略。而我们组织的收益大多还是来源于印刷服务。我们当时是一家新兴的综合型公司——为跨数字和非数字平台提供产品，为B2B、B2C和体验式受众提供服务。与此同时，我觉得我们需要为接下来的改变而努力。我意识到，组织的蓬勃发展来源于多样性。这种发展必须是组织化和国际化层面上的，也就是要实现组织整体上的发展，同时开发和开拓国际市场。为了完成变革，我们需要新的思维方式来促进下一阶段的发展。”

“我决定把每个人都团结起来，成为一个统一的领导团队。我们一起回顾过去的发展，对自己的优缺点形成更清楚的认识。无论我们对公司的看法有什么不同，我们的核心见解都是相同的。那就是，我们一致认为，我们的竞争优势来自我们对高价值客户的深刻理解：无论他们从事商业、医疗业还是汽车业。他们对我们品牌的信任，以及与我们保持的密切联系，都让我们愿意为他们提供新的目标产品和服务。这一认识也让我们有信心采取同样的模式进入邻近的国际市场。”

创建“工具包”促进改革

凯文表示：“为了确保我们能够充分利用自己的优势，我们设计并在内部制定了一个‘集团发展计划’。这是一个能够让组织实现变革的工具包，包括一个促进市场发展的规划。我们的使命是成为专业信息媒体市场领域中最好的国际媒体公司。我们的发展计划是基于凝聚力和协作力而制定的。我们的做法是以受众客户为主体的，这意味着我们避免了一刀切的方法，摒弃了让客户适应我们的简单化的业务模式。相反，我们的组织流程使我们的部门和品牌领导者可以灵活敏捷地选择合适的业务模式。这些做法最终能够帮助组织做出更集中、更重大、更智慧的战略决策。在快速变化发展的环境中，注意力一直是最稀缺的，我们需要把注意力集中到我们能够得到最佳回报的地方。”

创造文化并定义真实的价值观（authentic）

创造商业计划不是难事。凯文表示：“我们之前的商业计划都过于以金融功能为中心了，我们看起来很像那种‘过时的媒体’，我们的组织并没有形成一种鼓励创新创业的文化。因此除了制定新的、敏捷的业务流程外，我们还引入了更多的变革计划，专注于文化、行为和工作方式。有趣的是，这才是更具挑战性的一点。我们已经有了一个非常明确的策略，但我们需要让员工主动参与进来，而不能强迫他们参与。”

“所以，我们不能一下子走得太快，我们再一次回过头来思考，什么才能够激励员工的创造力，鼓励有才华的人全力以赴。我们一起制定了Haymaret价值观，总共定义了五个明确的方面：正直诚实（integrity）、创造力、专业、活力和独立。这套价值观提取出我们的核心DNA，同时也面向未来。最重要的是，它们是真实可靠的。现在，这些价值观明确地支撑了我们的一切工作。”

凝聚人心

对任何商业组织进行结构重组都是突破性的。问题是，你如何才能将必要的打破（甚至颠覆）转化成为积极的结果呢？凯文说："变革可能会令人感到不安，而且会造成一定程度的不确定性。管理和保持动力及士气，同时保持实现目标的决心，是领导者面临的最大挑战之一。你需要让大家心往一处想，劲往一处使。"

"在转型过程中，我们给员工提供机会学习新的知识来适应改革。我们认为，如果我们试图强迫员工参与变革，可能会适得其反。我们的目标是创造合理的条件，这样人们就可以在转型中过渡得更加自然。让我们的组织去适应变化是至关重要的——因为改变是现在唯一的确定性。对领导者来说，关键是创造一个新的环境，使团队能够做出符合自己目标和价值观导向的决策；鼓励他们在必要时挑战现状；勇于实现自我突破、善于把握创业和创新导向；专注于我们共同的优先级。"

所以，一切改变都要从领导团队开始，Haymarket已经在努力建立一个共同承担责任的领导集体。开放和诚实的沟通是关键。凯文说："我希望我们都能以身作则。透明、协作、创新——这些需要领导们学习的行为，它们可以激励团队。商业文化并不是确立一系列的规章制度去约束员工，而是通过一系列的行为赋予员工更多的权力。"

孵化式培养员工

Haymarket成立了一所管理学院，集合了来自公司国际分部的高管们，大家聚在一起共享、学习和发展。凯文说："我们并不是一个巨大的全球企业。但是，我们从一个'小型公司中的大公司'转变成了'大型公司中的小公司'。为了与公司的发展相适应，我们也要改变培养员工的方法。我们的管理学院提供了一个良好的学习机会，但同样重要的是，它也提供了建立和发展关系的平台。来自不同背景的人在不同业务领域一起工作合作。因为他们正在经历同样的经验，所以他们之间有共同语言——即如何理解工作目标以及如何达到工作目标。”

开放式的工作环境

相比于日常管理，凯文更多关注的是领导力，即创造对Haymarket使命和价值观的共同承诺，并继续关注战略优先级。一些突破性的做法催生出更深层的变化。为了减少等级制度，鼓励团队合作，Haymarket在其进入每个地区后都重新设计了办公空间。办公室原有的隔墙都被推倒了，形成了如今开放、协作的工作空间。重新设计工作环境的宗旨是为了鼓励创造力，办公室配备有社交中心和开放区域，70%的员工没有永久的办公桌。公司关注的是工作效率，而不是工作时间。这是一种对以往工作实践的彻底转变，它向整个组织的同事表明，Haymarket致力于将变革作为促进持续增长的核心动力。

成果

到2017年，Haymarket已经转变为一家成功的国际媒体和信息业务公司。虽然印刷业务仍然很重要，但它现在只占总收入的三分之一。收入的增长主要来自新的国际市场机会，以及多样化的商业模式，如数据主导的广告、电子商务、新的付费内容，以及会议和颁奖典礼等体验式机会。Haymarket专注于向所有高价值用户提供服务。

组织结构重组进一步强化了Haymarket的财务能力，加上更具协作性、敏捷性和响应性的领导力，使得Haymarket能够更迅速地利用未来的发展机会，实现进一步的发展。

凯文·科斯特洛：我们获得的经验

- 拥有国际视野，立足本地实情，不要“一刀切”。

- 战略也许会束缚发展，需要开放性地进行调整。
- 形成员工普遍信赖的使命和价值观。
- 发挥优势，明确你的优先级。
- 将好奇心转变成快速的行动，积极学习。
- 亲身示范，以身做责。
- 给员工学习的机会并且充分相信他们。

在敏捷工作方式中，领导者要充分考虑待办事项来明确“主要任务”。你首先要列出实现目标需要完成的所有任务清单。这一过程最好能与团队成员共同完成。在Haymarket的例子中，凯文强调了团队的重要性，这一重要性贯穿始终。你需要一个健康的领导团队，能够以成熟的方式开放、诚实地对话，放在首位的是，什么对组织最有裨益，而非个人的利益得失。

在所有这些计划中，你需要对自己的目标有着清晰的认识。你最宏大的目标是什么？就好比是吉姆·柯林斯说的“那个最令人不可置信的目标”是什么（Collins, 2001）。你必须对你的目标有清晰的认识，才能说服员工对其感兴趣；同时能够清楚地表达这个目标“为什么重要”也同样重要。因为如果没有使命感，你的员工就不太可能跟你一起为了目标努力。在我们与益普索（Ipsos）进行的一项研究中，该项研究调查了人们积极参与数字世界商业活动背后的原因。研究结果显示，主要原因之一是“相比于为公司工作，人们更希望为事业而奋斗”（Cirrus/Ipsos, 2017）。目标的力量就是在于给人们一个相信的理由，一个引以为傲的理由。正是这种目标感让他们能够满怀热情地投入工作中。

英国和记电信成立于2003年，但是该公司在不久之后的激烈竞争中失去了这种使命感。近年来，和记电信的员工回归了他们的初心，并明确了他们的创立目标。这样一来，和记电信的优先级得到了确立，投资也有了用武之地，例如他们改进网络以提高信息传输质量，改进客户服务以帮助快速解决问题，精减IT项目以重点关注那些最能直接改善客户体验的项目。正如我们在上一章的案例研究中展示的那样，和记采取的这些根据客户需求来确立优先级的措施在公司的振兴中起到了关键的作用。

和团队一起制定优先级列表时，你依据的主要标准是，能够为客户提供最大的价值，为企业创造更多的价值。你目前正在寻找的是最符合这些标准的最高优先级。我所说的“价值”是指能够帮助客户实现预期目标的能力（不管他们是否事先对此有充分的意识），以及能够帮助你的企业实现目标的能力（如发展和创造利润）。这些优先级列表将会随着时间的推移而改变，受到技术发展的影响，这种变化将会加速。但是，考虑到你正处于的环境，明确当前最高的优先级是什么，仍然是重要的。以Haymarket为例，20世纪最后10年数字化的冲击，使它从根本上重新审视了其优先级，并开始了一段数字技术的探索旅程。最终，其业务从纸质媒体转移到数字媒体，并根据其核心内容资产转向一系列非印刷服务。

因此，在敏捷工作中，我们强调使用迭代方法开发软件中的新特性。同样，在组织级别上，无论是征求客户意见和拟定提议书，还是培养最高效、最优质的交付产品的相关能力，也需要使用迭代的方法。随着周围环境的变化，你需要重新更新和修订这个方法，并检查你的任务安排，以确定它是否仍然相关。这是一种颠覆性的思维和工作方式：必要时，你甚至需要重建组织或业务部门，以便你能在一个不断变化的世界中保持相关性。当竞争对手引入替代产品和替代服务时，你可能会发现你的列表变得冗余了，相关性降低了。这就像20世纪80年代和90年代的大型机制造商那样，当时个人计算机网络为大大小小的组织提供了使用计算能力的一种不同的方式。敏捷组织，例如IBM公司，通过重塑组织结构，重新思考了中央计算能力如何能在客户的IT基础设施中发挥重要作用，它将重点转移到服务和用户界面，因为这些部门才是最有价值的。

一旦你在团队协商后制定出了一个列表，你只需关注首要的任务项，并确定你正在奋斗的目标。在Scrum工作框架中，是通过“用户故事”这个技巧来帮助定义和描述客户如何使用一种新功能。这个技巧能发挥很大作用，因为它使结果变得更为直观，你能知道这个目标什么时候应该完成了。当你描述你的宏图伟业时，你需要具体指出你想要达到的目的。如果这是一项新的客户体验，那你就需要描述有关体验的细节。这也有助于其他员工去理解并认同你的设想，更清楚地看到结果。举个例子：“作为一个经常旅行的人，我想在我预订的出租车到达之前看到它的位置，这样我就可以避免不必要的等待。”这是优步能够成功的一大优势原因。

我相信，在任何时候，你需要考虑两种结果。第一个结果是你或你的上级领导制定的未来一段时间内企业要实现的主要业务目标和愿景。这是整个组织所有活动的焦点；这是你希望组织里的每个人都在为之努力的“主要任务”。2011年，马克·扎克伯格意识到脸书的未来发展机遇将主要由手机带来，他就将手机设为了主要发展方向，并重组了业务结构以达成这种目标。2013年，脸书推出了移动客户端，到该年年底，移动广告收入达到了总收入的50%。虽然这并不是脸书的最终愿景，但这是工作方向的关键转变，让公司从失败走向成功。

你要考虑的第二个结果是下一个冲刺阶段的优先级，可能就是下个季度的目标，也是你之前所做的列表中的最高优先级。在维恩·哈尼什（Verne Harnish）的著作《指数级增长》（*Scaling Up*）中，哈尼什介绍了“第一优先级……每个人的工作方向都要与本季度需要完成的第一优先级一致”（Harnish, 2014）。他提出了一种严格的规划方法，即在整个组织中制定一个清晰的共享计划，在特定时期要有一个特定的优先级。这就是萨瑟兰在Scrum中所描述的集中力量加速交付的方法，而不是员工分散着去做不太相关的工作。

你作为领导者的任务是在组织中形成一种一致的理解，对优先级的理解以及对于每个团队和个体需要做出的贡献的理解。哈尼什指出，季度主题是让人们更好地理解和完成优先级的一个有趣方式。在这个季度里，人们围绕特定的优先项工作，在季度结束后一起庆祝该季度的成就。通过给优先级命名，你就给予了它一个身份，并鼓励人们多多谈论它，理解它然后实现它。哈尼什还建议在季度庆功活动上提出这样一个关键问题：“你是怎么实现这个目标的?”这个问题就是让人们从经验中学习、理解敏捷的核心。当他们回顾自己的经历、成功的经验，并与他人分享这一见解时，他们学到的经验教训对他们的后续工作无疑深有裨益。这种学习过程能够促进公司在下个季度取得进步，提高生产力和产量。

追求简约主义

我在一些非常成功的组织中担任顾问时，看到困扰管理者的问题之一是在项目中途考虑是否放弃并在其中苦苦挣扎。组织越大，困难就会越多，很多活动都在同时跟进，这是大型组织的常态。按部就班的过程、程序、报告和规章等制度本身就是一股巨大力量，桎梏着组织变得更为敏捷。我们需要的是追寻简约主义，即只做必要的事情。

举个例子，航空业对乘客和乘务员安全的重视往往使改变只能谨慎行之，但是，近年来英国航空公司坚持不遗余力地推行简约主义，效果显著。亚历克斯 · 克鲁斯（Alex Cruz）于2016年担任英航首席执行官，他一直谨慎地、持续地致力于简化业务流程，以便在竞争激烈的市场中更加灵活、更加快速地响应客户不断变化的需求。英国航空公司大大简化了程序和报告制度，所有价值不高的报告工作都被取消了，只关注客户体验和文化变化等关键指标。这就释放了资源，从而更好更快地完成优先级，帮助企业将文化向敏捷的方向转变。

在大型组织中，一方面，经济的体量和规模有助于增强其市场地位，但另一方面，规模减缓了发展速度，限制了灵活性，僵化一致的流程降低了组织快速应对竞争对手的能力。在多个地区和多个行业运营所带来的复杂性使组织治理和业务协商的工作变得繁多而复杂，使组织内部的运作部门数目增加。自成一体的专业化的新技术或客户部门容易导致筒仓壁垒，引起资源竞争，影响组织的发展速度。任何具有一定规模的组织，的确都需要适当级别的流程和治理才能有效运作。但问题是，某些情况下，这些流程会影响甚至阻碍组织的运作。

追求简约主义的主要方法就是终止不必要的工作。如果你试图通过微调流程或活动来降低复杂性，这样做可能收效甚微。你应该再大胆一点。1997年，当史蒂夫 · 乔布斯回到正在走下坡路的苹果公司时，他彻底精减了产品线，以使苹果公司能够专注于一个领域，然后在这个领域专注研发。就像英国航空公司一样，领导者需要找到组织内存在的弊病，然后逐渐消除这些不利影响。当然了，每个流程最初存在肯定是有其理由的，但是最大的问题在于，哪怕这个理由已经不合时宜了，这一流程也没有做出相应修改。更重要的是剔除这个流程可能会对整个业务产生连锁反应，能起到倡导作用，鼓励人们停止做其他类似的不必要的活动。作为领导者，你可以深入倡导简约的做法，也可以浅尝辄止——例如，这些报告是必不可少的吗？我这里只是举个例子而已，因为这种按下取消键或停止键的做法适用于你组织中的所有活动。

著名咨询公司埃森哲（Accenture）的一项研究（Davies and Philipp, 2017）探索了在制药行业追求简约的可能性。医药行业的药物开发和营销过程是一个极其复杂的流程。该研究建议采用“从零开始”的原则审查流程，从空白页开始，重新定义实现优先级目标所需的基本流程。这项研究探索了一系列创新做法以简化复杂性，包括使用技术来实现劳动密集型工作的自动化，以“创业心态”挑战所有假设和传统的工作方式，寻找服务客户或患者并交付产品的新方法。这一套做法反映了利用数据来驱动变化，分析和管理风险，并建立简约的控制方法。这些做法最终将复杂性降低了95%。这确实是极致的简约，在实践中一般是不可能做到的。但艾森哲这项研究还是能够说明，复杂性是可以大大降低的，同时也说明了对组织架构和运行方式采取一个外部审查的视角有利于你为组织找到最简约的运作方式。

简约是一种理念，是一种值得投资、贯彻到整个组织的原则。因此，重视简约主义，可以从你做起，为他人提供一个可以模仿的榜样。首先，列表确定优先级，一次做一件事，然后继续执行下一个任务。如果你列出了当前正在进行的所有活动，审视那些你正在同步进行的活动，你会发现，删除其中一些任务可以更快地达到你的目标。相反，如果你继续执行多任务模式，并同时处理多个优先级，那么这正说明了，你并没有真正接受敏捷的工作方式。如果你终止所有不必要的活动，并把这种观念传达给你的团队，那你自己就会成为一个追求简约的例子，其他人很快就会效仿。

肖邦是19世纪波兰著名的作曲家和钢琴家，他的音乐艺术抓住了简约的精髓。肖邦认为，简约比复杂的境界高得多，“简约是最终的成就，我在演奏了大量复杂的乐章之后，才认识到简约是艺术的最高境界”（Fost, 2007）。事情变得复杂，正因为缺乏精巧的设计。相比之下，简约则需要努力、艺术和实践的共同结合。

沃尔玛旗下的英国阿斯达连锁超市（Asda）多年来成功的秘诀之一就是坚持简约主义。几年前，我在阿斯达集团工作时，我们曾经非常努力地将我们的想法和内容设计进行简化。我们的想法必须对每位客户都能适用，所以它必须是简约的、用心的。这样我们就能吸引更多拥有新想法的人加入，并更有效地改变人们将想法付诸实践的方式。和肖邦一样，阿斯达也意识到了简约的力量，即简约不简单。

本章小结

我们已经探索了四种帮助你实现严格的优先级管理的方法，优先级化能帮助你在组织中建立更广泛的敏捷性：

1. 成为产品所有者——明确目标，依靠团队合作，通过放权给予员工充分的空间。
2. 坚持主要任务——与你的团队确定与客户和业务相关的主要任务，并将注意力集中在这些事项中。
3. 放下干扰事项——不做与优先级不相关的工作。
4. 追求简约主义——不做低价值的工作，坚持简约主义。

现在该你评估和思考如何定义你自己的优先级了，思考你将把注意力应该集中在些工作上？你应该如何身体力行地倡导敏捷工作？需要做出哪些大胆的决定帮助你和员工专注于主要任务？又是什么阻止了你做出这些决定？

参考文献

1. Cirrus/Ipsos（2017）Leadership Connections 2017, research paper, Cirrus, London.
2. Collins, J（2001）From Good to Great, William Collins, New York.
3. Covey, S（1988）The 7 Habits of Highly Effective People: Powerful lessons in personal change, Simon and Schuster, New York.
4. Davies, N and Philipp, M（2017）Curing Complexity, Accenture, Arlington, VA.
5. Fost, J（2007）Chopin quotation in If Not God, Then What? Clearhead Studios, Luton.
6. Harnish, W（2014）Scaling Up, Gazelles Inc, Kansas City.

第六章　共同协作与敏捷团队

引言

团队是敏捷工作的重中之重，是协作生产的多功能单元，团队分工合作让工作更敏捷。重视团队而非个人，在保持与管理层制定的策略一致的情况下，团队有权决定达到目标的手段。本章会讨论如何在企业中实现敏捷团队合作，提高工作效率，迅速准确地交付客户要求的产品和服务。

本书将提出优秀团队的重要特征，讨论怎样培育企业文化来促进企业中团队内部和团队之间的协作，探究自主管理的团队及其有效运作的方法。2010年，智利（Chilean）康斯提土松市（Constitució）发生了大地震，在之后的一系列行动中，敏捷团队协作得到了淋漓尽致的体现，本章将以此作案例分析。

自我思考

阅读本章时，思考如下三个问题，将有助于你提炼成为敏捷领导者的核心观点。

- 你充分信任别人吗？
- 你的同事充分信任你吗？
- 你的团队是否建立了强大的相互信任？

加固团队根基

贝尔宾（Belbin）著名的团队角色实验表明，一个强大的、团结的团队在表现上通常能胜过一堆散漫的能人异士，最成功的团队与其他团队之间的关键差别在于行为模式而非智商（Belbin, 2011）。在贝尔宾的研究中，成功的队伍能完美融合各种以团队为中心的行动，实现互补与平衡；而一群天才聚在一起，往往会陷入与彼此的竞争中，整体上并不能展现出最佳的效果。

要培育团队行为模式，就得先拥有共同的使命和目标，追求共同的目标是最有力的动机。将拥有不同才能的人组成一个更有竞争力的队伍，共同的使命将整个队伍凝聚在一起。一项关于团队合作的研究调查了30多个公司，结果表明，表现出色的团队都有清晰的共同目标，每位成员在这个目标中都能感受到自己作为团队一员的价值，所有成员都更愿意投入合作中，并由此获得更多的满足感（Katzenbach and Smith, 1992）。共同的目标意味着共有的责任感和更强的行动意愿，驱动着团队高效运作，实现最优的结果。

在敏捷团队协作中，团队拥有高度自主权决定实现目标的手段，这些目标往往是由产品所有者和团队一起制定的。敏捷团队协作模式能够在实践中起作用，有几个重要的先决条件。首要的一点是，团队是作为一个整体去思考和行动的，在程序层面上确保一致决策和行动，在人际关系层面上拥有和谐团结的团队精神。这意味着团队作为一个整体，拥有一致的使命、清晰的目标，就如何解决问题、做决策达成了一致看法，以及愿意坐下来一起复盘工作等。

我在和许多经理团队共事时，最开始我们要为团队设定一个深具召唤力的行动目的。这个目的对团队成员意义非凡，让队员们清晰地认识到作为一个团队为公司提供的价值。那些习惯于以具体任务为目标的经理最开始并不能领会这样做的重要性，但当他们参与到一个制定行动目的和意义的过程中时，他们通常会意识到团队行动的意义和价值所在，意识到具体呈现团队的行动力对团队成员的重要性。设定行动目的是成为优秀团队过程中的重要一环，它可以时常提醒队员团队合作的初衷，并让队员有明晰的工作重心。我强烈建议所有的团队都要重视这一步。只要使命明确，团队就更容易找到共同奋斗的目标；而且如果使命具有足够的召唤力，团队成员更愿意将团队利益置于个人利益之上。

清晰的共同使命和共同目标，有助于建立队员间的信赖，有助于队员对彼此的工作心怀感激，队员们能更加欣赏彼此的不同之处。我在第二章中提到，业务上的信任，要求真正对对方抱有信心，相信他们能够胜任，能够诚实可靠地完成工作。要想实现敏捷团队合作，建立队员间的信赖是重要的基础，要建立彼此信赖，首先要创建一个让队员有安全感的环境，让他们能安心去探险和试错。萨瑟兰（Sutherland，2015）指出，“将行动目的与相互信任完全地融合是成就一支伟大团队的基础”。而要做到这些需要队长和队员的共同努力，需要创造专门的时间和空间，鼓励团队内部的诚实交流，集体反思，激励正面行为。

兰西奥尼（Lencioni，2005）在谈到阻碍团队协作的因素时提到的第一点就是缺乏信赖。他还提到了一个团队功能的量表，可以作为评估团队行为的工具：

- 团队成员十分信赖彼此，分享彼此的担心、弱点和所犯的错误。
- 由此，团队成员能公开诚实地就如何改进团队表现进行积极的、有挑战性的对话。

- 进而，所有团队成员真正地参与重大决策。虽然决策过程中可能会存在分歧和争议，但每个成员的意见都会被听见最终达成一致意见。
- 基于共同制定的行为决策和行为标准，团队成员对彼此负责，或在必要的时候问责。
- 最终，团队成员将个人的需求与事项搁置一边，专注于与队员一起为团队带来最优的结果。

对自己提问：上述列举的五个方面逐层深入，你与你的团队能做到何种程度？在哪里存在不足？该如何改正？

案例研究

向成功的初创公司学习团队创建

在撰写本书之前，我采访了许多成功的初创公司。这些公司以敏捷和创新为人所知，擅长团队协作和分工合作的工作方式。

奥雷莉·德圣普勒沃（Aurélie de Sainte Preuve）是视频协作平台Seenit的首席产品官，她整个职业生涯都致力于创建敏捷环境。她观察到，敏捷团队的成功要素在于，团队能以实现明确的共同目标为中心，进行自我管理和相互协作。她还指出，从失败中学习，汲取经验和教训，继续迅速前行，这种能力也是至关重要的。“对于敏捷团队，提出假设，加以测试，遭遇失败，是很常见的事情。在一个敏捷团队内部，尝试某个方案可能只需一到两周。即使失败了，比起公司花好几个月去提出一个解决方案却最终失败的损失要小得多。多做一些小的试验，对其快速地调整，如果某个试验行不通，停下来并不需要冒多大的风险。”

奥雷莉此前曾在声田（Spoity）工作过。声田公司是一家正走向成熟的科技公司的典型代表，它保留了原来的初创精神和理念，鼓励小团队单独创业。她说：“敏捷性的基本含义是作为一个团队快速灵活地行动。我并不能从我工作或合作过的团队找到完美的敏捷模式。在我工作过的每一个行业中，我遇到的每个团队都是非常不同的。每个团队的结构和每个团队对敏捷的定义都不相同，但最终目标是相同的，那就是轻捷快速地优化产品和整体业务运营。我认为，不存在十全十美的模式，只需要行之有效即可。”

大卫·伍兹（David Woods）是LivingLens的首席运营官，这一视频智能平台可以让用户“挖掘”和捕获相关内容。对于LivngLens来说，“敏捷”远远不只是一种工作方式，更是一种核心哲学。

大卫说：“这听起来像是陈词滥调，但如果没有一个出色的、有激情的团队，我们就不会有今天的成就。每个人都有发言权，都需要被倾听。我们不是由高级管理层做所有的决策，然后其他人只能遵循；相反，我们作为一个团队为公司做贡献。同事们知道我们可以根据客户需求、市场需求和时机随时做出灵活的改变，他们欣然接受这种灵活性；在公司里从没有一天让人感到枯燥无趣。作为一家科技公司，我们拥有敏捷的公司文化，但是，是我们的员工具有的创业精神、敏捷性和灵活性这些特质最终帮助我们成长，帮助公司朝着预期的方向和目标前进。员工们相信产品，相信我们，他们愿意倾力付出，同时也乐在其中。无论成功，还是失败，我们同舟共济。我们明白，公司扩大经营的同时维持这样高度的信任和协作不是一件易事，但我们一直重视增强团队的敏捷性和灵活性，保持健康的企业精神和企业文化。

Code是一家成立于1999年的数字业务公司，托尼·福格特（Tony Foggett）是其首席执行官和联合创始人。近年来，Code获得了成功，积累了行业名声和一流的客户资源。

托尼说："我们最初设计产品的理念是以人为本、永怀热忱、品质优良和新颖特别。当时我们公司规模小，很容易拧成一股绳，朝着一个目标前进，步调统一。接下来我们经历了公司成长的必经阶段：我们雇用了更多的人，更多的人带来了更多的复杂性，所以我们开始重新调整去适应这种新情况。"托尼描述了Code这家科技公司从初创到发展面临的困难：从早期行动敏捷、注重团队协作，到公司不断发展后面临着大公司共有的一些弊端，包括筒仓壁垒的影响，按制度化的条条框框的流程开展工作带来的桎梏等。

托尼说："成功之后便是拓展业务，而讽刺的是，这种扩张反过来让一路驱动公司成长的企业文化岌岌可危。为了适应越来越复杂化的操作流程，企业不得不改变结构，引入更多标准和流程，一步一步地变得更专业化。""作为领导者，想办法改善管理是我们的职责，但随之而来的是效率降低、员工薪资总额增长带来的财政压力，而一些开源的短期行动对解决问题并没有帮助，只是将问题往后推延。我们开始着迷于时间表和记分卡，只注重开发新业务，忽视现有业务，当人力资源关系和客户关系维持欠佳时，我们就逃避责任并迅速寻找替代方案。"

"在不知不觉中，我们的行为向我们的员工发出了强烈的信息，告诉他们什么是重要的。不出所料，开始有人说一切都不一样了。在早期，公司专注于做漂亮的、高质量的工作。但随着规模扩张，为了提高绩效引进了许多流程和管控措施，但这些管理流程似乎起了反作用，拖慢工作进程，减少工作产出。”

大约在这个时候，公司搬进了一处时尚的新办公空间，托尼承认这给了他们又一次教训。“即使搬进崭新的办公室也无济于事，我能看出这些办公设计的用意是为了给客户留下好印象，而不是为了支持和方便员工间的有效合作。”员工们开始抱怨这些漂亮的办公室让人没有归属感，而且不便于灵活使用，Code逐渐失去了它的魅力，“这对于我们来说是一次震耳欲聋的警钟，毕竟我们是一家人才型科技公司”。

托尼意识到需要全面改变企业文化，而改变必须始于改变高层的工作理念。“我们必须认识到，作为领导者，我们不是管理员工，而是给员工授权。提高业绩只是一个产出的结果，我们需要将视野放得更长远，将工作重心转移到为员工提供展现才能的平台。”

“我们审视了产品在公司业务中的运作过程，找到那些阻碍产品质量提升和生产进程加快的种种因素，包括故步自封的筒仓壁垒、繁文缛节的流程和行为，然后设计了一个全新的操作系统，专注于通过协作和持续改进来实现绩效。我们转变公司结构，设置自治的跨部门团队，采用敏捷的工作方法，大力支持我们需要的人才和行为。从很多方面来说，基本上相当于重建公司初期的高效团队，重溯质量第一的初心，但这一次采取团队自治的方式，将团队的效率提升到最大。”

最近，Code将怎样工作作为公司的理念，怎样工作作为服务顾客的重点。“如今，我们的‘产品思维方法’是我们客户合作关系的核心。我们帮助客户持续优化网站和应用程序，将网站和应用程序视作可持续发展的产品而不是一次性的项目，从而提供更大的投资回报率、更高的可适应性和可持续性。通常，我们的作用是将客户对公司数字化转型的期望变成现实，帮助客户在公司内部嵌入数字化转型所需要的内部工作实践和数字文化，就像我们常在Code说的那样，‘智慧永无止境’。”

你希望你的团队以及公司中的其他团队都以敏捷的方式运作，自己定义实现目标的方式，自行定期复核，不断改进，提高整体表现；他们将对彼此的承诺、集体的成功置于个人事项之上，这也正是以上案例中Code公司致力于创建的东西。高绩效团队的表现大大超出其他同类团队，成绩大大超出预期。在公司中投入时间和精力来培育高绩效团队，将会大幅度提高员工的工作效率。

根据我自己的经验以及许多客户的经验，我知道建立团队合作并不容易。这需要奉献、勇气和纪律，也需要时间、胆量和持续加强。需要时间，用以对以往表现回顾和反思——在敏捷环境下，探讨过往哪些方法行之有效，以及在下一阶段中哪些地方有改进的机会。需要勇气，勇于提供诚实的反馈，勇于接受反馈，促进改进和提升，勇于对反馈信息和反馈方式给出个人的感受和想法；还要勇于主动去寻找最优秀的人才并给予支持，这样团队中的每个新人都会带来新的见解，并不断提高整个团队的水平，包括你自己在内。此外，还需要持续深化团队内部成员间彼此的信任和尊重，保持团队关系的健康。就像园丁勤勤恳恳地耕田锄地，让地里郁郁葱葱，一个团队的领导和成员都需要花时间去反思，去讨论如何不断地进步。

自我管理的团队

一旦建立和加固了团队的实力，你接下来需要考虑的就是如何帮助团队管理工作进程和产出速度。首先，你的团队需要制定下一个阶段或下一个周期怎样实现交付目标。这意味着，团队需要从团队外部获得支持，如从指导者和经理那里得到支持，就解决具体问题开展讨论；同时也需要在团队内部成员之间建立坦诚透明的关系，如此团队才能在交付目标工作方式上达成一致的意见，做出成员都承诺并为之努力的决议。真正对自己的表现负责的优秀团队，往往会就个人和集体的表现以及需要解决的问题，进行定期的，有时甚至是艰难的讨论，这些需要建立在充分信任和尊重的基础之上。没有团队成员间的彼此信赖，彼此尊重，团队很可能因这些讨论产生的压力而分崩离析。

新西兰全黑队（All Blacks）是新西兰历史上最成功的橄榄球国家队，世界橄榄球联赛的冠军，也是打造出色团队的一个典型范例（Sutherland, 2015）。萨瑟兰从这支杰出的队伍总结出了值得我们学习的几个方面。第一点是把注意力集中在团队的共同目标上；第二点是“彻底的完全的合作”；第三点是击碎一切拦路虎的渴望；第四点是整个团队分享每个队员成功进球的激动和喜悦；第五点是持续的复盘和反思，这是不断前进的动力。“如何把我们做的事情做得更好？”是团队在例会上讨论最多的问题。萨瑟兰特别强调了“彻底的完全的合作”这一点，指的是为了进球，队员为他人付出、彼此配合、相互协作是在深层面上、根本性的层面上进行，比我们看到的一般客户公司里团队与团队之间以及团队内部开展的合作程度都要深得多。全黑队的成就和球队作为一个“团队”表现出的奉献精神和坚定的决心是分不开的。虽然领导一个团队通常意味着你要做一个推动者，但要在团队中实现深度的协作意味着你也要做一个打破者，不能只求安稳，必须挑战现有的行为规范，要求自身和他人多为集体做贡献。

团队规模

团队的规模也是一个建立高效团队的重要方面。一般建议规模比较合适的团队由2到7人组成。人员过多时，团队交流和决策受阻；人员过少时，团队可能缺乏关键技能和相关经验。一般认为，一旦团队人数达到两位数，沟通渠道变得过多过杂，管理也会变得更为复杂困难，交流沟通的质量将迅速下降。就我个人的经验来看，我不止一次受邀为15到25人的经理团队做团队建设，但是我往往不得不拒绝这些邀请，因为要在这个人数规模上建立一支强大的经理团队是不太可能的。经理在公司中的职责是共同思考，共同计划，共同制定战略决策，共同审查公司绩效，共同打造优秀的公司文化，这些活动在一个规模这么大的团队无法深度有效展开。因此，团队的规模确实很重要。

赋予团队行动的权力

团队拥有一定的授权是团队行动的必要条件，赋予团队行动的权力也是每一位成功的领导者面对的挑战。如何才能为团队建立牢固的基础、真诚的信任和有效的规模？如何鼓励团队根据公司领导层制定的战略重点做出团队决策并承担起相应的责任？也许你的团队已经在以此种方式运作，那么这已经为你在整个公司业务中开发更多敏捷性奠定了良好的基础。但是，通常情况并非如此，我常常看到许多高管团队做出很多决策，而非将部分决策权下放。然而敏捷工作的一项基本原则是团队成员自行决定如何进行工作；高级经理的责任是设定战略目标，具体如何去实现这些目标是团队的工作。

我的经验很简单：只做只有你才能做的决定。列出你和你的团队在一个月内所做的所有决策，其中一部分决策属于你正常管理工作的范围，一部分决策是由那些为你工作的人员上呈给你的，而另一部分决策可能来自你对公司运转的过多管控。如果你有后面两种类型的决策，那么这两种并不属于只有你才能做的决策，因此，我认为你可以将这两类决策放权。即便是对于第一类的决策，你也可以逐条去考量，是否非我不可，如果能找到更专业的人来做此决策，那么你应该尽快将决策委派给他们。

当然，委派工作也要承担责任。在授权个人或团队做决策或制定具体交付结果时，你必须确保委托的个体或团队拥有必要的技能、经验和知识。你的工作是作为一名指导者，运用健全的管理知识，帮助队员们明确正确的行进方向，确保他们能够自信地执行决策。如果以上任何一点缺失了，则说明你没有有效地发挥领导作用，并且委派的任务在实践中也不可能成功。

成功的自我管理团队的另一个特点是，团队能进行透明且坦诚的对话。需要让团队成员明确各自要承担的责任，能够出于集体的利益相互给予和接受反馈，而不是将此类反馈视作私人恩怨。记得在我十几岁的时候，我在英格兰伯明翰参加一个堂兄的婚礼，听着新娘新郎的誓词，其中一句来自圣经中的《哥林多前书》，阐述了真爱的性质，“爱是不计较，爱是不动气”，这句话让我印象深刻。多年后，我屡屡尝试，在面对批评时不再感到不快或被冒犯，而是将其视为中性的反馈。几年后，我在大学里经常划船，我记得每次训练后的回顾总结会，小组会详细分析每个队员的表现，是帮助船加速了，还是减速了，有些反馈听起来让人不好接受，但是作为团队的一员，我们每个人都有责任听取反馈并在下一次训练中做出适当的调整。学习经验、适应调整本来就应该不是一个问题，因为这是我们划船划得更快的唯一途径。

我从划船运动中还得到了与团队自我管理相关的一些其他的启发。首先，好的结果来自一个安排得当的程序，这就涉及日常训练和比赛的日程和事项安排。在训练中，我们需要短距离冲刺来突破，反复冲刺然后复习回顾；在比赛日，我们有一套规定动作：就位、热身和准备开始。在公司团队中，情况也是如此——我们需要进行短距离的冲刺，每一个冲刺有着明确的目标，然后找时间停下来复盘，以期下一次能有进步。在建立新的项目或新的工作重点时我们需要引入某种仪式，仪式能帮助我们明确项目的概要、计划、执行这几个阶段。

从划船运动中的第二个启发是，要组成一支平衡高效的团队，需要多种技能组合。身材高大结实的队员向后划倒桨，为船的前进提供动力。技术熟练、能把握节奏的队员面向前方倾坐，这其中有一位是桨手，控制船的行进速度和节奏。还有几个是适合做教练的人，负责指导，看准时机让船加速。有的灵活轻巧，适合做舵手，负责操纵艇的方向和人员调配。即使在划艇运动中，也需要团队掌握多种技能，在专业的工作中，更是如此。但是我们经常看到的是，团队中领导的形象一人独大，共同的目标之上是表面的和谐，实际上却因为领导与团队之间缺少信任，领导的权威甚少受到挑战，最终影响团队的表现。

稳定型和流动型团队结构

要创建一个更加敏捷的企业，需要两种类型的团队。第一种是稳定型团队，例如，开发软件或产品创新团队，这种团队将在很长一段时间内一起共事，对彼此有深厚的了解。显然，随着形势变化，战略重点转移，企业必须进行调整，团队结构也会相应发生变化，但这种团队类型本质上是比较稳定的。第二种是周期比较短的团队，队员是从公司各处调集到一起组成的，一般要在限定时间内完成某项特定的任务。这种短期团队应具有完成任务所需的能力，通常需要调度不同职能的员工组合到一起，队员能从团队中受教良多。这种团队通常会跨越传统的职能部门界限，可能会对现有的权限制度提出挑战，因此第二种团队要成功地开展工作更需要组织上的支持。

跨国商业零售集团玛莎百货（Marks & Spencer）推出了可持续发展业务“A计划”，旨在恢复利润增长，吸引更多的年轻消费者，在这一群体里建立持续的忠诚度，这一计划逐渐深入各项业务中。持续发展业务总监、“A计划”的负责人迈克·巴里（Mike Barry）描述了在重新设计工作方式时向流动团队结构的转变过程：

> 团队变得更加灵活，并且不断发展。以前，你常年，比如说十年来，跟同样的人共事，这个团队大致以同样的方式思考问题。而如今不同了，你将拥有经常“搅拌混合”的团队。领导者应当欢迎这种趋势。在开发团队方面，我们变得更加敏捷。领导者越来越多地开始带领“临时团队”完成特定的项目。一旦项目完成，团队可能会被解散，并成立一个新团队来做新的事情。“临时团队”使领导者摆脱了过去的僵化，对于许多传统领导者而言，要适应这一点是相当困难的。

玛莎百货的“A计划”是敏捷商业模式的一个典型例子，在其他行业中也有类似的实践。数字化的大环境发展迅速，企业不得不努力跟进，适应变化。

混合团队应对数字挑战

想到我们用的是19世纪的企业结构，面对的是21世纪的难题，这一点给了我灵感。我们拥有的工具、实践和手段是远远不够的，甚至是陈旧不堪的，必须创造新的工具。我们需要一套更灵活的工具来解决21世纪的问题。在这个时代，创新往往来自不同学科的结合，新的灵感和答案往往来自交叉领域的碰撞。我以前领导过的项目小组里同时包含设计师、建筑师、程序员、经济专家、电影制片人和社会专家。这种跨学科团队全副武装，有能力解决我们今后面临的复杂的、相互交织的挑战。我们知道，当我们走出舒适区时，随着不同领域和学科的碰撞，新知识和新实践，以及新的思想和新的解决方案，会出现在事物碰撞的交界线上。

——丹·希尔（Dan Hill）

丹·希尔是一位城市规划家，担任奥雅纳（Arup）的副董事、伦敦大学巴特莱特建筑学院（UCL Bartlett）的客座教授和皇家墨尔本理工大学（RMIT）的兼职教授。（cityofsound.com, 2012）

团队会议

我们在第一章中谈到过，许多领导人花费过多的时间在会议上，每天要参加动辄长达数小时的会议，会议里讨论的是各种预算和计划，却没有时间去反思，私下进一步交流，或者做更长远的战略思考。在敏捷环境下，需要精简其中的大部分长会，但是团队会议仍然是不可少的。团队会议包括日常例会、定期的项目计划会议、冲刺阶段后的回顾和复盘等，这些都是团队的例行工作的一部分，这些例会有助于团队达到最高的效率。

我在第三章中讨论过，团队日常例会能有效地将队伍聚在一起，朝正确的方向前进，当出现问题时，能及时解决问题而不是拖到下周会议上再解决，这些短会是简短、专注且实用的。在第七章中，我们将探讨例会如何促进敏捷决策。这些会议能维持团队的节奏，保障团队的纪律，让团队在对的时间专注于做对的事情。不过，日常例会并不适合讨论战略重点，这样的问题一般选择在每月的计划会议上讨论，保证有充裕时间慢慢研究。

当团队成员身处异地时，就更难培养敏捷团队了。在“临时团队”中队员们很容易因远距离产生陌生感和疏离感。因此，定期召开团队会议，让队员们熟悉彼此，了解对方的工作重点和难点就显得尤为重要了。

在这种情况下，团队领导的角色就是保证这些会议的顺利开展，不因地理位置有偏私，不因和领导的距离影响交流时间或注意力。队内设定一些基本规则会十分有用，比如每人都有发言的机会，每人的发言时间限定在一到两分钟。一般来说，要想达到敏捷工作所需的团队成员彼此信赖和相互理解，“临时团队”比一般团队需得付出更多的努力，特别是在队伍组建早期，需要投入时间去培养相互的信赖和理解。理想情况下，在团队开始合作时，将团队聚集到一处，能加快身处异地的团队成员之间建立相互理解和信任的过程。企业举行的年度会议则成了强化团队共同使命、目标和相互信任的重要方式。

组建“临时团队”的另一个有用技巧是使用多个媒介作为交流平台，让身处不同地点的队员可以采用合适的方式接收信息并参与讨论，比如，用Yammer等数字媒介打视频电话开会，用WhatsApp或类似的群聊软件发文字来交流。我们在西鲁斯公司（Cirrus）开展的所有领导力培训项目中，采用了统一的数字平台，所有人都能参与团队学习和团队讨论。作为组织的领导者，可以鼓励各个团队都使用这些媒介，根据各个团队的需求引入新的沟通方式，将沟通率最大化。团队越分散，要维系队内的使命感和责任感所需的沟通越多，投入的精力越多。

数字技术手段对于促进协作工作起着重要的作用。在过去几年里，“Slack”聊天群组和微软“Teams”等消息传递系统越来越普及。这些技术手段能将相距甚远的团队聚集到一起，有了这些系统，人们不再只是依靠收发电子邮件，而是能在短信上进行实时的对话，这大大减少了沟通的障碍，允许人们更灵活地进行远程办公。如果队内成员不能熟练使用这些工具，那么有必要花时间对这些员工进行培训，让他们能够自信地熟练使用。

最后，在所有组建成功团队的条件中，要记住一点，让每个员工都拥有“属于自己的时刻”。无论是适当庆祝团队或个人的成绩时，还是当发现某个员工遇到困难，其他队员伸出援手时，每个人都是团队的一分子，都能获得关注。比如，当有同事接到孩子学校电话，说孩子病了需要人接，同事们都愿意伸手帮忙时；当有同事终于学会了工作中的一项新技术，同事们都为之庆祝时；当有同事刚经历了丧亲之痛，同事们放下手头的工作去安慰时。这些时刻把人联结在一起，即使不再共事，这份情谊也依然留存。

案例研究

智利康斯堤土松市的故事

2010年2月，智利南部和中部发生了毁灭性的地震和海啸，摧毁了康斯堤土松市80%的市区。灾难发生一百天后，居民、政府、当地企业主和外部顾问已成功合力制定出新的社区总体规划。这个故事是协作分工与敏捷工作的杰出例证。

灾难袭击康斯堤土松市时，切断了这座城市的水电供应。幸存下来的食品商店，银行和企业无法开业。地方和地区政府灾后开展重建工作时，他们意识到眼前面临的重建工作量巨大，仅靠自己无法完成。房屋署找到Arauco和Elemental两家公司，Arauco是一家大型林业公司，该公司在康斯堤土松市有上千名员工，Elemental则是一家专门做公益住房项目的建筑公司。三方一致认为，康斯堤土松市需要一项可持续的重建计划，且该市所有居民都应参与到计划中来。

Elemental负责在与当地人协商的情况下，监督该计划的制定和实施。专业服务公司Arup和Tironi为合作方法提供了建议，并与Elemental一起担任协调人。鉴于灾难的严重性和迫切的重建需求，该团队设定了目标：100天内，制定一项计划以解决住房、公共建筑和空间、基础设施、能源分配、废物处理和其他公共服务的问题。该计划的核心挑战是需要兼顾速度和质量：既要解决眼前急需住房的问题，还要制定长期的可持续方案。

计划实施主要由Arauco林业公司资助，Arauco的锯木厂直接在康斯堤土松市雇用了3000名员工，间接雇用了10000名员工。一些居民对这样一个大雇主能否提供资金心存疑虑，但Arauco明确表示该项目提供资金是本着协作的精神，不会附加限制条件，它在参与重建项目的同时会听取居民的意见，而不是将自己的方案强加于人。

团队从明确事项优先等级开始着手。清洁水的供应和分配至关重要，因为管道被破坏，从南非运来了一种中间有转轴的水桶来运输水，这些桶形的容器在非洲农村地区广泛使用，可以用手沿地面滚动；还设立了一个紧急避难所提供紧急庇护。到第10天，团队设计了一个更坚固的避难所可供未来几个月的使用。

团队在城市中心处设置了一处社区总体规划中心，这个规划中心也成了项目中心。任何居民想要帮助制定计划或者只是查看计划进展情况，该中心都对其开放。定期举行公开会议使每个人都有发言权，专家们帮助开展这些会议，并在会议中提供建议，但重要的是，他们不负责决策，这项重担委托给了该市的市民。

网络信号断断续续的，不太稳定，所以所有事务的讨论和决策大多是面谈进行的，会议所有细节通过镇上的扬声器传达。会议本身是激情四射的，经常有人提出异议，紧接着便展开激烈的辩论。例如，最开始的时候，管理住房的官员和建筑师提出了一个非常粗略的未来构想，然后邀请居民来提意见。许多居民参与进来，加入共同设计的过程中。官员们在早期“放手”，更多具体的设计由居民们接管。政府和项目负责方将相关资源准备就绪，而实现这些构想的人是康斯提土松市的人们。

许多公共建筑必须重建，例如学校、图书馆、消防局和汽车站，居民被要求优先考虑这一点。居民们还被邀请对被毁土地面积最大的区域的三个重建方案进行投票，此外，他们提出了许多与地震和海啸没有直接关系的问题，例如，居民指出，该市经常受洪涝侵袭，因此建筑师设计了一些潟湖和屏障来防洪。

政府拨给新的公益住房的资金是有限的，建筑师给出的解决方案是建造可以在将来扩建的小型房屋：州政府为房屋的“必要”部分支付了约10000美元，然后居民可以在未来的几年中自费进行扩建。四年之内，共建造了近500座新房屋，新建的公园和休闲区为这座以前拥挤不堪、人满为患的城市提供了舒适的公共空间，还针对海啸，地震和洪灾做了防护措施。

林业公司Arauco始终保持客观的态度，在“无附加限制条件”的基础上为重建项目提供资金，赢得了居民对企业的信任；Arauco公司还听取居民们的意见，投资1000万美元用以减少这家大型林木加工厂的环境影响，如减少加工产生的异味，这对康斯堤土松市来说是一个意外的重要得益。

当然，这么大规模的项目并非没有问题。在此过程中，有不少的居民表示出了愤怒、不信任和不满，但是更多的人对能够成为这项成功的“协作”计划的一分子感到满足而自豪。这场灾难造成了一种非常现实的紧迫感，最终，它为城市提供了一个难得的机会，让其成为一个更具可持续性的工作和生活的地方。通过协作、敏捷计划和执行，该市的居民成了这一转型过程的中心人物。

我们可以从康斯堤土松市的故事中学到什么？

- 参与——确保所有利益相关者都有发言权，都能参与进来。
- 对话——“专家”担任促进者和顾问，而不是决策者。
- 确定事项优先级——紧迫性与实用性相结合，以创建可同时满足当前和长期需求的解决方案。
- 合作——共同努力胜过个人的努力。

本章小结

团队是敏捷工作的核心，在本章中，我们探讨了一些创建团队、发展团队的方法，以使团队能有更出色的表现。将具有完成任务所需技能的个体聚在一起建立一支团队，给这支团队明晰的使命，设立共同的目标，培养团队成员的彼此信赖，即便彼此争论得再激烈，话说得再直白，也不会产生怨怼，而要做到这一点，需要时间、勇气和持续的努力。

自我管理的团队自行决定如何实现目标，需要有做决定的授权，能得到指导和支持。他们需要在重视学习的企业文化中工作，错误是学习的机会，而不是招致责备的根源。

作为敏捷领导者，你可能希望从本章中学习到一些东西，用于管理自己的团队以及整个企业团队。在促进团队合作方面，你在实践中哪些方面做得比较成功，又在哪些方面有提升的余地？在这些不足的领域中投入时间和精力，将会加速发展敏捷工作，让团队更快、更高效地交付客户需要的产品和服务。

参考文献

1. Belbin, M（2011）Management teams: why they succeed or fail, Human Resource Management International Digest, 19（3）.
2. Katzenbach, J and Smith, D（1992）The Wisdom of Teams: Creating the high performance organization, Harvard Business Review Press, Boston, MA.
3. Lencioni, P（2005）Overcoming the Five Dysfunctions of a Team, Jossey-Bass, San Francisco, CA.
4. Sutherland, J（2015）Scrum, Random House Books, London.

第七章　敏捷决策

引言

在正确的时间做出正确的决定，是将敏捷付诸实践的关键。做出第一个动作或采取第一步行动是执行的开始，这意味着你开始向某个方向前进了。当球场上的曲棍球运动员决定带球加速越过对手时，这个决定开启了比赛的下一个序列片段。当然，在移动的那一刻，序列的表现方式是未知的，但是当球员向左侧方移动，试图突破对方球员，而不是将球传给队友，这一行动在球场上产生的后果，就像工作中的决策在工作中产生结果一样。球员可能会丢球，也可能发起一次成功的进攻，帮助球队进球得分。不同的结果在这位球员加速突破那一刻就开始孕育了。

我们在第一章曾借用顶级运动员具备的素质——敏捷的认知反应和灵活的身体反应两个方面——来阐述敏捷这一概念。我们既需要敏捷思考，也需要敏捷行动；从前者过渡到后者，其中的环节正是决策。敏捷指的是“响应刺激且快速改变速度或方向的全身运动”（Sheppard et al., 2006）。快速行动，同时在行动中做出改变，这正是成为敏捷领导者和创建敏捷组织的挑战和魅力所在。敏捷领导者既需要有效地做出敏捷决策，也要以敏捷的方式做决策。

前面章节（如第二章）提到敏捷性的几种特质，在本章中我们将详细讨论三个方面的特质，这三种特质能帮助我们更有效地进行敏捷决策，并将客户置于企业的核心位置。

1. 通过明晰目的、优先事项和行动方向来指导决策；
2. 深思熟虑后，果断做出决策；
3. 将决策权下放，赋权组织上上下下做出敏捷决策。

通过将这三个决策要素结合起来，你可以使企业变得更敏捷，同时为决策创造更多时间，这些益处反过来又能促进敏捷性，形成良性互动。所以说，优秀的领导者往往在紧急和危急情况下也能够找到更多的时间做出正确的决定。

自我思考

阅读本章时，思考如下三个问题，将有助于你提炼成为敏捷领导者的核心观点。

- 你有整体策略吗？
- 你如何做出重大决策？
- 你是否愿意将尽可能多的决策权下放给他人？

明晰化

在敏捷工作方式中做到明晰化可以从两方面来看：目的明晰和客户优先级明晰。首先是清楚你为什么存在，你为世界增加了什么，也就是明确你领导的企业存在的意义是什么。其次是了解对你的客户最重要的是什么。正如我们在第三章对Scrum工作方式的描述中所见，明确客户最看重什么是企业定义优先级的基础。这两种明晰化密切相关，因为企业之所以存在是为有特殊需求的客户提供优质的服务。

例如，乐高将自己的最终目的描述如下，“激发和培育孩子们创造性地思考、系统地推理并释放他们的潜力来塑造自己的未来——体验人类无穷无尽的可能性”（Lego, 2008）。自公司创立以来，乐高将公司的宗旨体现在其推出的产品中。乐高现在销售的产品比起二十年前的产品已经大不相同了，因为时代在改变，乐高公司也经历了多次的变革，来适应时代的变迁和公司发展。但是不变的是，它仍然保持了初心，致力于与不同时代的孩子保持密切的联系。

在第五章中，我们探讨了严格的优先排序，它是敏捷决策的基石。制定优先级排序是很困难的，尤其对复杂的大企业而言，乐高的案例在这一点上非常值得学习——它一直专注于自己的目的和宗旨。乐高这个品牌名本可以用来推广很多产品，但公司仍然专注于其核心的积木产品系统，同时对于积木的样式和套件提供多种选择。这种明晰感具有巨大的凝聚力。便于公司员工将个人的努力与公司的发展结合起来，有助于帮助管理层决定哪些事项该放在首要位置，还有利于团队制定共同的团队目标，便于将同一个流程中各自分工的工作成果整合起来。

缺乏明晰是企业在引入敏捷工作方式时遭遇困难的主要原因，我见到过不少这样的案例。我的一个客户，一家电信业公司的执行官曾经迫切地想引入敏捷工作方式，但是，公司各个部门同时开展了许多彼此冲突的项目，让人应接不暇。这些项目的中层主管们固然有想法但却无法得到公司的支持，其中一些项目计划资金不足。此外，许多计划需要信息技术的支持，由于僧多粥少，导致每个项目都投入不足，其中不少项目停滞或成了半成品，反倒占用了公司的技术资源。

为了解决这一问题，我让公司的主管暂时放手公司当前的事务。这期间，我们回归初心，审查了公司的使命、战略方向和战略目标、核心价值观、主要客户优先事项，以及公司必须交付的优先项目清单。团队审查了以上内容后做出一系列决策，明确了继续进展的项目和产品所有者；暂停了一部分不在优先级列表中的项目；将这些被中止的项目的负责人重新分配到优先项目中去，合力尽快完成交付。采取这一系列举措后，公司的工作很快就通畅起来了，在每一个优先项目按规定的最小可行产品标准交付后，主管们要再次审查决定是否继续保持当前的优先级，或参考待办事项列表做出调整。如此种种举措之下，管理和经理的工作效率提高了，积极性也大大增加了。

在与该公司执行团队的一次回顾会议中，我提出了一个问题，通过召开高层会议对公司事务进行优先排序是一种长期可行的方式吗？在场的一些管理者各抒己见之后，商业总监说道："不，我们不能一直这样，我认为我们还需要突破。"话毕，房间内一片沉默，然后各位高管纷纷点头。他继续说道："我们需要重新改革公司的架构，让优先等级排序成为自主实现的事。"显然，公司下一阶段要做什么已经很明了了。

要想让公司的事务流程变得明晰，我有两点建议。第一个建议是，鼓励项目相关人员都加入决策过程中来，这样一方面让你能听取各方面的想法和意见，另一方面也让员工觉得自己与项目有直接的利害关系，他们也会更尽心尽力，更高效地完成工作。第二个建议是对公司的战略尽量简明化。试着将你的战略想法总结在一页纸上，即有些专家所说的"一页纸战略"或"一页纸战略计划"（Harnish, 2014）。此外，在阐明战略的同时要避免使用一大堆术语将事情复杂化。如果你能做到将策略简化到一页纸上，同时又能以引人注目的方式传达你的要旨，就能帮助公司里的员工深入理解你的策略，也能让他们更重视你的想法，并在工作中行动起来。

上述电信业的客户案例说明了，一旦有了明晰的策略，管理层在做联合决策时，例如，投资什么以及放弃什么，就变得非常清晰了。一旦制定了有效的决策，并确定了优先事项列表，公司就可以开始考虑如何将事务层层下放。在我们探索这一点之前，我们还需要更深入地考察敏捷决策的另一个要素——深思熟虑。

慎思和果断决策

埃森哲（Accenture）对于表现出色的敏捷企业所做的一项研究表明：优秀的敏捷企业在做决策时有两个特点。首先，他们“优先考虑战略决策”。优秀的敏捷企业首要考虑的是与公司战略方向相关的重大决策，并创造一个让公司的运营能够顺畅进行的企业环境。其次，缩短决策时间，这些企业的企业文化是“做决策快狠准——确保所做出的决策能紧紧把握市场条件”（Accenture, 2017）。

因此，优秀的敏捷企业既要具有战略眼光又要善于快速决策。而要使这两者能实现的条件是你必须基于深思熟虑来做决策，正如我们在第二章中所探讨的那样。在敏捷环境中做出有效的决策，要求你对于想做的事有一个明确的方向和明晰的规划。发展方向必须明确，预期结果也需要明确，这样你的同事才能按照这个方向前行，适应不断变化的情况来实现目标。

做战略决策不同于具体的战术制定，后者往往由具体的运营团队来做。战略决策需要遵循第二章中描述的如下流程：

1. 暂停其他事务，留出充分的时间来思考。
2. 积极咨询内部和外部专家和值得信赖的顾问，听取他们的见解，汲取他们的经验。

3. 在充分收集信息和听取专业意见的基础上迅速决策。

4. 决策后迅速行动，满怀信心地执行决策。

5. 回顾并检查现有进展。

必须注意的一点是，你需要专注于只有你才能做出的决策，其他的决策都应该尽量放权于他人来做。根据你在企业中的职位，或者留待上级管理者来做，或者授权下级同事来做。作为领导者，你要将这种决策原则逐步灌输下去，在整个组织上下贯彻这种决策方式。通过这种逐层授权自主决策的方式，你就能够在决策上集中企业所有员工的智慧为公司做决策。

在此，我们有必要回顾第一章中对于运动敏捷性的定义。在第一章中我们认识到优秀运动员具备敏捷的认知和反应能力，能快速分析情况并快速做出反应。例如，在击剑场上，击剑手不断地对刺激做出反应，同时敏捷地移动身体，利用战术去战胜对手。击剑运动员常用的两个基本动作——“劈切”和“刺击”——很好地体现了这种“认知和反应”的方法，动作如此快速轻盈，同时要高度注意对手的一举一动。在17世纪“剑”作为战斗武器的时代，人们可能会因认知能力不足而死去，虽然在现代击剑运动中，错误或迟钝的认知并不会致命，但“命悬于瞬息抉择之间”的这种紧张感还是真实的——击剑手如何解读和分析对手行动是取胜的关键。如果慌忙之中仓促决断，这样很可能让你因误判而落败。优秀的击剑运动员经过长期训练，能在短时间理解和分析情况并做出反应。以下三个阶段在短时间内几乎是同时发生的：感知对手的动作；解读和分析该如何反应，有什么选择；最后决定采取行动。然后就要靠这位运动员的身体素质和身体敏捷性，包括平衡能力、力量和速度来决定成败了。

我们有必要将击剑手反应三阶段的理解和分析阶段这个思考过程放慢来看看。诺贝尔奖获得者心理学家丹尼尔·卡内曼（Daniel Kahneman, 2011）在他的《思考，快与慢》一书中提出，我们的脑海中存在两种思维和判断模式，如图 7.1 所示。他将它们分为系统1和系统2。系统1思维模式代表快速、本能和情绪化，系统2思维模式虽然比系统1慢，但更具逻辑性，需要更多的自觉意识。

卡内曼在书中着力阐述了，当我们试图分析和理解外界刺激和事件时，这两个系统如何影响我们的认知偏见。拿击剑运动员举例，运动员获取和分析对手信息，并做出反应试图智取对手，这个过程是系统2思维模式；但是，同时他也依赖即时的本能反应来应对对方的攻击，这种大脑记忆的本能反应属于系统1思维模式。对于没有受过训练的人而言，我们的大脑一般默认使用系统1来做出判断和反应，因为它更不费力，更本能，更快速，在可预测的情况下一般也能帮助我们做出正确的决策。然而，在不可预测的情况下，做出敏捷决策也要借助系统2思维模式，用更审慎的思维做出更合理的选择。卡内曼认为，过去几十年的研究表明人们的判断有一个误区，就是对于自己的判断过于自信了。他认为，如果我们要在不确定的情况下做出明智的决定，我们需要有意放慢速度，收集事实和证据，有意识地去思考，不能一味依赖直觉和感觉。

有趣的是，系统2思维模式可以帮助我们在敏捷领导力悖论中保持平衡。一方面，我们作为赋能者和促进者，致力于让企业员工能够相互联结，形成共有的理解；另一方面，作为质疑者和挑战者，不断质疑这种相互联结和共有理解的基础。这些都需要系统2代表的更缓慢充分的、更有自觉意识的审慎判断，才能从两个方面看问题，才能把握其间微妙的平衡。更简单的、本能的系统 1思维模式只能带给我们盲目的乐观和自信。如果要能够做出比竞争对手更好的决策，需要我们努力训练系统2代表的思维模式，而这些努力是值得的——正如我的一位客户所说的那样——“必须高瞻远瞩”。

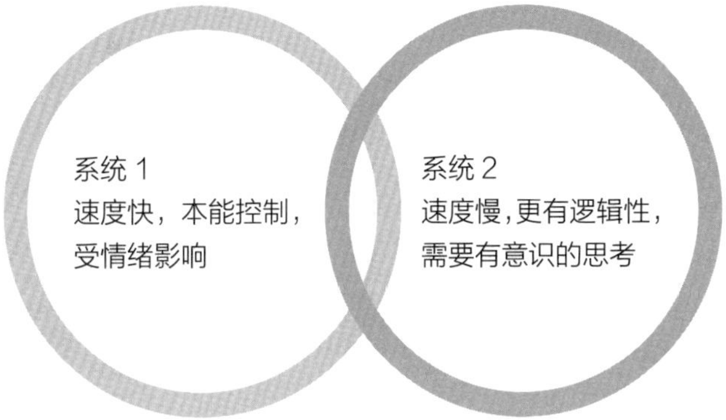

图7.1　思考，快与慢

来源：丹尼尔·卡内曼（Daniel Kahneman, 2011）

要做到敏捷决策，需要在深思熟虑和追求速度之间把握平衡：既能做出明智的决策，也不至于拖沓行事失去竞争力。我对一些客户案例考察后发现，这些客户来自金融服务、航空业和零售业等多种行业。他们领导下的企业变得缓慢拖沓、失去竞争力，一般可以归结为两种病症。首先是分析麻痹症（analysis paralysis）。这种情况通常发生在领导过于追求完美的决策，而企业里的员工可能正处于试验或收集顾客反馈的阶段，领导希望能够获得更多精确的细节，或对数据进行过于细致的分析，导致工作进度很难推进。其次是决策困难症。在这种情况下，员工喜欢在行动前先征得上司同意，因为他们害怕犯错或承担犯错的后果。他们首先向上级传达想法，然后等待上级充分了解事情的细节，然此类细节本应由公司的专业人士来负责决策，将决策上报给上司批准就多费了周章和时间。如果你觉得你的企业或你自身有与以上病症相符的地方，请一定要进一步追根溯源找出真正的问题，因为这些企业文化方面的问题正是阻碍企业敏捷运行、拖慢发展速度的主要原因。

最后，如果你希望既能快速做出敏捷决策，同时又能审慎周全的思考，那么你应该像击剑运动员一样，接受经常的训练，训练系统2对于重大战略问题的认知和反应能力。你需要在面临决策的当下放慢速度，冷静地思考。要做到这一点，有一个非常有用的技巧，那就是通过冥想来练习觉察力（mindfulness）。觉察练习能训练你的注意力，帮助你把注意力集中在眼前之事。

觉察练习这些年在西方很流行，它起源于佛教教义。觉察有助于帮助我们认识自我，增加智慧；随着自我认识和智慧逐渐积累，最终达致开悟或脱离苦难的终极自由。一个最简单可行的冥想觉察形式是，早上醒来坐在床边或者椅子上冥想10分钟，将注意力集中到呼吸上，清空心中其他的杂念；重复这个动作，直到清空杂念的过程变得越来越简单。冥想的关键是对当下进入意识中的一切不作任何判断，只是单纯地觉察它、接受它；在头脑中出现了其他的一些杂乱的想法时，不断将注意力调整返回到呼吸上来。

在这一套训练快结束的时候，你可以开始规划你的一天，你想以什么样的面貌出现在办公室里，你想给人一种什么样的感觉，你自己这一天想拥有什么感觉。这些想法为你当天设定了一个情绪的参考坐标，在事务性的一天中的任何时刻你都可以回到这个参考点，想想你当时的想法和觉察状态。对自己不带评判的态度也可以帮助你跟他人相处。真实领导理论（authentic leadership）指出，以平衡的、不带评判的眼光去处理事情可以帮助你做出更能令人信服的决定（Walumbwa et al., 2008 年）。

我们经常能看到运动员在准备大型赛事时戴着耳机听音乐，慢慢进入冷静专注的状态，用新西兰橄榄球国家队全黑队（All Blacks）的话来说就是保持“清醒的头脑”（blue heads）。2010 年，詹姆斯 · 克尔（James Kerr）对全黑队做了一场独一无二的深度专访，了解这支传奇球队在2003 年世界杯之旅过早夭折后，如何在接下来几年重建辉煌，连续保持世界排名第一的经历（Kerr, 2013 ）。这里的关键词是“清醒的头脑”。球队为了克服在关键时刻“卡顿”的问题，必须保持“清醒的头脑”。在“头脑发热”（red heads）的状态下，人容易惊慌失措，陷入无措。“清醒的头脑”可以帮助球队处于最佳的状态，以最专注的注意力发挥最好的水平。他们会使用一些技巧，例如跺脚，用跺脚这个动作触发自己恢复到“清醒的头脑”时的觉察状态，重获清晰准确的思考能力，在压力下保持良好的表现。对胜利的渴望以及为了胜利付出努力是必不可少的，但球队意识到，在激烈的比赛中能够为自己和团队的行动做清晰的思考以及做决策的能力是取胜的关键。

案例研究

敏捷行动、拯救生命

亨尼 · 布朗德（Henny Braund）是安东尼 · 诺兰信托（Anthony Nolan）的首席执行官。这家英国慈善机构致力于血癌的治疗和造血干细胞移植，通过将需要干细胞移植的患者与愿意捐赠干细胞的人相匹配挽救了成千上万人的生命。对于亨尼而言，敏捷性不仅在于速度，更重要的是敏捷的回应，基于审慎而周全的考虑之后的回应。

我们的目的是为每个需要移植的人提供第二次生命机会，我们做的移植手术一年比一年多，提升敏捷性可以帮助我们挽救更多生命，我们可以联系到更多的潜在捐赠者，为更多人找到匹配对象，提高存活率，减轻移植后影响，改善患者的生活质量。情况在不断变得更好，科学的发展使我们可以提升我们的服务。所以，我们想要改变方向一定有充分的理由，而不是某一天早晨起来突发奇想："哦，我想这样做。"一定要有需求才行。

亨尼认识到深思熟虑和果断决策两者都必不可少："对我来说，敏捷性不一定是指速度快，而是指要及时反应，包括及时调整方向的能力。""速度快"可能会让人做出错误的决定，因此在下结论之前必须先分析问题，永远保持好奇心并提出问题非常重要。

当你在做性命攸关的决定时，你既要分析情况又要勇于尝试。要想做出敏捷决策，我们也得如此，要敏捷决策，必须一小步一小步地去尝试，而不是想着，"我一定要先把事情都计划清楚，接下来半年要干什么我都得想得清清楚楚"。等你都计划好了，局势又有了新变化。而是要想着，"对，在接下来的半个月、一个月、下个月，我要以这种方式去处理这个问题"。你需要灵活应对工作，你需要一个非常有自我意识的领导团队，一个能够适应挑战、风险和不确定性的领导团队。

安东尼·诺兰信托的领导团队做出了敏捷决策，并坚决果敢地实行决策，使该机构不断进步，拯救了更多人的生命。

决策下放

整合领导力对敏捷的研究显示，将决策权尽可能地下放到最靠近客户的层级，能极大提高敏捷性，增强你对不断变化的市场趋势和条件的反应能力（Hayward, 2016）。我们在第一章的案例分析中引用了水石书店（Waterstones）的例子，这家英国最大的连锁书店通过将决策权下放挽救了公司。在这个案例中，书店的当地消费群体提出要求，希望水石在Kindle带来的统一的电子化销售和阅读模式下尽量考虑当地的需求，于是该公司将权力下放给了地方的店长及其团队，此举帮助该连锁书店重新赢得了地方消费者的心。

公司的高管们常常有一种误解，他们认为决策权下放就是临时成立一个特别组围绕某个事项做决策。但是，这种缺乏组织的方式做出的决策不具有一贯性，其随机性很可能起反作用。只有用缜密谨慎的态度去管理决策权下放的过程，并给予所需的支持，才有可能做出合理合宜的决策。

在过去的20年里，从我多年的客户经验来看，人们对赋权的概念有不同的解读。赋权要么被视为某个个体管理者一时兴起将决策责任委派他人，要么就意味着源自左翼政治理念“权力归于人民”。但这两种都不对，赋权与人们如何看待他们的工作有关（Spreitzer, 2008），是一种心理状态，是指一个人怎样去认知和感受自己的工作，包括四个方面：

1. 能力——个体对自身能够完成好某件事的认知。
2. 影响力——个体对自身在公司和团队扮演的角色和功能的认知。
3. 意义——个体以自身的标准或理想来衡量自己工作的价值。

4. 自决——个体拥有对自身行为选择的决断权。

最高层领导者主要负责的是创建整体的企业文化，而对于具体每个员工的授权应由其各部门和各层级的主管来负责，这些管理者负责为员工每天做出以上四个方面的自我认识和判断提供心理支持和氛围。你创造的是什么样的心理氛围？你的部门经理创造的是什么样的心理环境？在你营造的心理环境中，员工对自己的工作能力有信心吗？他们觉得自己有影响力吗？看到自己职责的意义和价值了吗？对自己的行为有决断权吗？还是说他们感到被贬低了？感到很无力？感到自己任人摆布？要想更好地做到决策权下放，在决策上更贴近客户群，为员工营造积极的心理环境至关重要。

以下为决策权下放提供了具体的方法，如果你能结合使用将帮助你更顺利地做好决策授权：

1. 创造信任的心理气氛——在这种心理氛围中，员工能感受到被领导充分信赖，愿意承担一定风险，不会担心受惩罚而过度小心翼翼。
2. 定义明确——确定各个级别能做哪些种类的决策以及做决策的频率。
3. 主管培训——培训主管帮助他们掌握技能，学习如何鼓励团队成员参与到决策过程中来，共同做出有效的决策。
4. 提供信息——向各级经理和团队提供准确、相关且易于理解的信息，帮助他们定期做出明智的决策。
5. 大胆放手——公司的高管们需要尽量把决策权下放到更贴近客户的部门。

6. 形成系统——在实践中不断调整工作流程和决策系统，能更好地为地方决策提供支持。
7. 反馈透明——向每个员工提供透明的反馈，以便他们了解当下的情况、自己的表现以及需要改进之处。

正如这份清单所示，决策权下放的方法没那么简单，需要长期建设，去营造公司的环境和气氛，配备对员工友好的基础建设。在实际操作中，可能要花几年的时间才能看到成效。但是，所有的付出都是值得的。一旦员工拥有更多权力，决策权下放到更贴近客户群的员工，公司就能够更迅速地决策，提供更好的服务和客户支持，提高客户忠诚度和拥护度，增强员工的参与度和公司的敏捷性。

在第三章和第五章中，我们探索了团队工作方式在实践中如何促进和实现敏捷工作。每个团队自主决定下一个冲刺阶段的交付目标，而要达到目标，需要全团队协同合作。我们可以从成功的全球时装零售集团盈迪德（Inditex）那里学到一课，如何通过创造便利条件，提供便利设施，最优化地促进团队对话和合作。他们将团队设置在同一地点，可能是某个确定的实体店，也可能是跨男装、女装和童装不同业务部门的员工在一个共同的工作空间交流。通过种种方式，鼓励团队深入展开讨论，要求团队负责人做出体现团队合作的决策。

另外，英国和记电信的经验也值得借鉴。他们采取严格的会议纪律加速团队决策，增强团队成员的责任意识。这些会议纪律简明扼要，便于执行。如必须准时开始会议，每会必有明确的目的和议程，每位参会者参会的作用明确；要求在讨论基础上得出结论并将决议记录下来，便于在下次会议上进行审查；使用共享项目管理软件，方便参会者再次查阅回顾会议记录，了解会议进度。这些规则并不复杂，但是遵守这些规则能切实地提高团队工作的效率，加快工作进度。

案例研究

宠物之家兽医服务集团公司（Pets at Home Vets Group）的决策速度

宠物之家是英国最大的宠物用品零售商，该集团的主营业务之一是宠物诊所。宠物之家的兽医业务在英国拥有450多家兽医诊所，颠覆了英国传统的兽医服务市场。

莎莉·霍普森（Sally Hopson）是宠物之家兽医服务集团公司的首席执行官。“花好几个月去把事情的每个细节考虑清楚，谨慎决策的日子已经过去了。现在我们必须快速行动，接受不确定性，因为没人能知道接下来会发生什么。形势变化得太快了，做决定的速度也得跟上。有很多事情没办法知道也没办法确定，因此你只能根据已知信息做出假设，和你的团队一起思考和合作。你必须在必要的时候自信地说，‘是的，我们现在就得这么做’。”

宠物之家兽医服务这样的公司对于“没有人知道接下来会发生什么”这种感受体会尤其深刻，因为它正在试图打破一个已经成熟有序的市场。英国兽医市场之前大部分都是小型的个体经营公司，因此宠物之家发展其兽医服务业务初始阶段完全没有先例可循。同时，它还要面对不断变化的市场环境。这些变化包括，兽医服务这一行业正在经历公司化，医学和科学进步的步伐不断加快，人们养宠物的习惯也不断变化，越来越健全的保险条款让养宠物的人愿意在宠物的健康上花钱。

“你可能认为你已经把市场情况摸得一清二楚了，但是到了第二天形势又有了新变化”莎莉说，“要做一个好领导，一定要能够重新审视自己的决定，并能够坦承，‘好吧，我当时做出的那个决定，在当时是正确的，但现在不是’。如果我们需要改变决定，我们并不需要太介意，或太固执，因为改变决定并不代表这个决定本身是错的，只是因为情况变化了，而且情况通常是瞬息万变。所以一定要有勇气否定自己做出的决定，同时也不要去为那个错误的决定感到内疚。”

当你在打破一个既有市场时，你需要快速决策很多事情。但问题是，当你试图打破旧有秩序时，要让人们相信你、跟随你就很难了。莎莉相信，为了凝聚力量，必须让手下的员工参与到重大决策中来。而要做到这一点，好的沟通技能就显得尤为重要了，尤其是在面临很多不确定因素的时候。“那些在传统的兽医行当里干了一辈子的兽医们是最令人头疼的”，莎莉说，“他们很恐惧将要做出的改变，担忧自己的未来，担忧兽医这个行业的未来。我们提倡‘客户至上’”，而他们更持有传统的“科学至上”观点。我们旨在将这两种观点融合，为宠物提供更好的医疗服务，更融洽的客户关系。我们相信，从长远看，这将极大地促进公司发展，将一时的成功转化为持久的受益。

在快速发展的同时，宠物之家兽医服务集团表现出强烈的责任感，不断地积极回馈行业。例如，该公司制作了一份年度报告，重点关注兽医界的热门话题，对兽医行业和服务的宣传起到了推进作用。它还推出了一个很棒的毕业生计划，帮助培养兽医行业的专业人才。这些证明了宠物之家在兽医服务行业做出的种种“打破”都是为了兽医行业能有更健康的发展。

莎莉坚信保持多样性对于发展敏捷性很重要。“对我来说，要做到敏捷，首要任务是有多元化的领导团队，同时团队成员都要有责任感。如果仅凭单一的经验去努力，我们就很难取得成功。我们非常重视培养拥有跨职能部门工作经验、理解并涉及更广泛行业的业务运作的管理者。多元的团队可以分享多元的观点，从不同的角度看待事物。在团队中，个人的经验凝聚成集体的智慧，能更好地应对多变的情境。”

这种多元性帮助莎莉和她的团队根据具体情况去做尽可能审慎深入的分析，在此基础上做出决策，还帮助她们将尽可能多的决策交给更贴近客户的同事去做。宠物之家集团所做的是“打破”既有的市场，但同时也创建了一家能够迅速地、自信地适应市场变化的真正联通的公司。

本章小结

以敏捷的方式做出重大决策需要你在压力下保持冷静，清晰地思考。确保你的同事清楚你们的共同目标、工作重点和工作方向，这些可以作为你在下放决策权时的参考依据。在面对复杂多变的问题时，你需要用系统2思维模式来做决策，同时也要小心分析拖沓和决策困难这两种病症，不要让它们拖慢了你的速度。既要快速又准确地做出决策，同时也要让授权尽可能地对客户有利，本章提供了一些有用的方法可以帮助你更好地去实现敏捷决策。

以上谈到的这些敏捷决策要素能够帮助你更好地去理解和把握周围发生的变化，既要把握客户需求，又要看到市场新竞争形势的出现，并据此做出有效的具体策略。在日益激烈的竞争环境中，我们在决策时一定要保持冷静的头脑，不仅做到快，还要做到准。

参考文献

1. Accenture（2017）Traits of an Agile Business – Accenture Strategy, available at https://www.accenture.com/gb-en/insight-traits-truly-agile-businesses,（last accessed 19 November 2017）.
2. Harnish, W（2014）Scaling Up, Gazelles Inc, Kansas City.
3. Hayward, S（2016）Connected Leadership, Pearson, London.
4. Kahneman, D（2011）Thinking, Fast and Slow, Farrar, Straus and Giroux, Macmillan, New York.
5. Kerr, J（2013）Legacy: What the All Blacks can teach us about the business of life: 15 lessons in leadership, Constable, London.
6. Lego（2008）Lego Brand Framework, available at https://www.lego.com/en-us/ legohistory/mission-and-vision（last accessed 27 December 2017）.
7. Sheppard, J M, Young, W B, Doyle, T L A, Sheppard, T A and Newton, R U（2006）An evaluation of a new test of reactive agility and its relationship to sprint speed and change of direction speed, Journal of Science and Medicine in Sport, 9, pp 342–9.
8. Spreitzer, G M（2008）Taking stock: A review of more than twenty years of research on empowerment at work, Handbook of Organizational Behavior, Sage, London, pp 54–72.
9. Walumbwa, F, Avolio, B, Gardner, W, Wernsing, T and Peterson, S（2008）Authentic leadership: Development and validation of a theory-based measure, Management Department Faculty Publications, Paper 24, University of Nebraska – Lincoln.

第八章　学习、创新、进步

引言

敏捷领导力的一项关键优势是加速创新，更快实现进步。无论是产品开发，还是过程改进，速度的提高都是敏捷工作方式追求的核心目标。要想实现提速，关键在于学习，因为如果没有氛围浓厚、日积月累的学习文化，很难找到方法来提高生产力、消除交付壁垒。

本章，我们将从领导者的角度探索学习、创新和进步之间的关系。我们将找到在企业内部提高学习能力的方法，这一方法将加速实现渐进式或跨越式的发展，从而更有效地满足客户需求；我们将探索如何在企业中创造一种学习的文化，使参与者乐于尝试，敢于冒险，在失败中学习，在挫折中成长，从而加速创新，培养他们把握机会的能力；我们也将研究如何通过持续的回顾、学习和项目执行来实现层层进步。

那么，究竟是什么在阻碍我们进步？对于许多企业而言，问题的关键在于阻碍进步的“谨慎文化”。2016年西鲁斯/益普索的一项研究显示，只有54%的英国人认为，在他们服务的公司里，可以容忍犯错。所以这意味着，有近一半的人觉得他们没有权利犯错（Cirrus/Ipsos research, 2016）。这种对失败及其后果的畏惧，主要来自领导层的压力。这种畏惧阻碍了试验和冒险，减缓了创新和发展的进程。如果我们害怕犯错，那么我们唯一能学到的就是如何避免犯错。

自我思考

阅读本章时，思考如下三个问题，将有助于你提炼成为敏捷领导者的核心观点。

- 我对学习的态度有多开放？
- 我会鼓励员工大胆尝试还是让他们避免错误？
- 我是否乐见挑战并鼓励辩论？

赋能？还是破坏？

回到敏捷领导力悖论（见图8.1），有趣的是，学习将经验综合为知识和技能，其功能在本质上是推动和赋能；而创新是一种颠覆性的过程，因为它会创造新事物，改变旧事物的工作方式。赋能的过程会导致颠覆性乃至破坏性的过程，这本身就是一个悖论。著名美国作家菲茨杰拉德（F Scott Fitzgerald）在回忆自己的一生时说道："检验一流智力的标准，就是在头脑中同时存在两种相反的想法但仍保持行动能力。"作为敏捷领导者，你可以在帮助员工平衡这一悖论时展示你的智慧，在共同的求知欲中寻找连接，同时以开放的心态接受对预判和决定的挑战。

推动者	打破者
√ 学习敏捷性	√ 慎思果断
√ 清晰的方向感	√ 数字素养
√ 共情和信任	√ 反思现状
√ 赋能和赋权	√ 创新思维方式
√ 团队协作	√ 贴近客户消费趋势

图8.1　敏捷领导力悖论——领导者的主要特质

无论是对于个人还是集体来说，学习都是创造新的理解和意义。人类有能力在不断变化的环境中进化发展、理解掌握我们所处的世界，学习便是实现这一能力的核心。学习能够建立共享的能力，而共享则是企业获得持续竞争力的核心。

创新是指通过对现有产品和服务的重大改进或创造新的产品和服务，改变或打破（颠覆）现有市场，从而为客户创造新价值。请注意，当我使用“打破性（颠覆性）”这个术语时，我的定义比克里斯坦森（Christensen）意指的含义更为宽泛，因为他提出的“打破”（disruptive）是严格定义下的概念，意指“通过提供一组不同的价值观念，常常出乎意料地，最终（意外地）超越现有市场，从而创造新的市场”这种情形下的创新。正如我们在第一章读到的，打破（disruptive）是指“某一事件、活动、过程的中断，是打破当前局面”。（OED牛津英语词典，2017）

最后，改进是指对现有流程、产品或服务的渐进式改变，从而提升客户价值、提高产品效率。如果学习是赋能和推动的行为，创新是打破和颠覆的行为，那么改进就是介于这两者之间，将这二者连接起来，改进引入学习，为日后真正的创新创造机会。本章我们将从成为敏捷领导者的角度来探讨这些问题，这样你就可以思考，通过创造学习文化，你企业内部哪些地方能够加速实现创新和改进。

创造学习文化

在孩童时期，我们对学习有一种本能的热爱，所以我们能够学会作为人类该如何生存和成长的方法。我们在很小的时候就会模仿别人的行为，习得如何进食，学习如何建立成长过程中的人际关系。在第二章中，我们探讨了学习敏捷性是敏捷领导力的一个关键属性，因为它决定了领导者对于接受敏捷工作方式的开放程度。近年来，神经科学研究帮助我们理解了这种学习过程，告诉我们大脑是如何运作，经验如何以可被理解的方式储存在大脑，以供下次使用。

虽然我们的大脑一生之中都在学习，但对于学习的热爱并不能够完整地延续到成年之后的工作之中。一项对不同年龄阶段学习特征的研究表明，“为了保持健康，训练和学习在每个年龄阶段都是行之有益的”（Dinse, 2016）。但是，我们后天习得的文化会阻碍这种学习欲。我们儿时学骑单车的经验，我们淘气捣蛋之后对父母狡黠一笑企图蒙混过关的经验告诉我们，犯错终究会导致批评和惩罚。经此教训，长大后，我们在工作中畏于冒险，我们学着如何降低风险。对于如何在竞争中脱颖而出，我们不会去质疑经理提出的假设方案，而是学着如何遵从他的决定。学习意味着你愿意探索和尝试新事物，但我们的企业文化往往并不鼓励这类探索，因为这太冒险了。风险规避会导致对问题的分析不能有效展开，批准不能及时执行，从而降低我们工作和企业运行的效率（参见第七章）。

你在自己的企业中发现过以上这些问题吗？如果“敏捷”是促进企业的创新和改进，那么我们就需要摆脱为了规避风险而带来的条条框框。但显而易见，你需要遵守法律，符合市场的相关法规，你也有义务遵循公民和消费者认可且尊重的道德准则。因此，尽管你不打算取消企业内部所有的风险管理，但是你可能会需要改变企业内部的学习状态，确保学习文化在企业中深入人心，欣欣向荣，而不是因为害怕失败而止步不前。或者，你需要问问你自己，你公司的企业文化是“热爱学习”吗？你的同事和客户是否能毫不犹豫地认同这一点。如果你不能给出完全肯定的回答，那么以下内容值得你读一读。

麦肯锡的研究表明（Goran, 2017），对风险的规避是在数字时代获得成功的主要障碍之一，这一点我深表认同。他们认为，要想实现成功，得先从改变企业文化开始："要建立这样一种文化，即员工在尝试可能失败的事情时，不会过多担心和忧虑。要想实现这一点，得从高层领导的态度和他们所发挥的榜样作用开始着手。他们必须打破层级决策的现状，关注创新而非仅关注优化，并鼓励从失败中学习经验。"

2017年底，哈佛商学院的一名教授和陈-扎克伯格倡议（Chan Zuckerberg Initiative）项目的一名学习型工程师，联名给商界领袖写了一封公开信。信中，他们明确提到，领导层应将学习作为企业的优先事项。他们认为，在人工智能和机器学习的数字世界里，人类能够管理未来企业的唯一途径是专注于学习。埃德蒙森和萨克斯贝利（Edmondson & Saxberg, 2017）告诉领导者，在未来，越来越多的员工需要更频繁地使用"复杂的认知技能"。领导者目前面临的挑战在于，要让他们的员工做好应对这种情况的准备。埃德蒙森和萨克斯贝利认为，一个组织能在众多组织中脱颖而出，不仅在于它拥有数字资源，还在于它的员工将如何操作这些数字工具，从而做出在工作中不能回避的复杂决定。这一挑战将学习置于了企业组织策略的中心，因为我们的员工需要学习，这样才能"跟上机器的速度，解读机器的结果"。

那么，这在实践中意味着什么呢？如何创造以学习为中心的企业文化呢？要想实现这一点，就要用对进步的渴望来代替对风险的畏惧。敏捷软件开发Scrum流程的核心就在于复盘会议：在每一个迭代阶段（sprint）收尾之时，团队对本阶段的进展进行回顾，并找到在下一阶段改进的方法。这里的动力是在下一个阶段加速产出，推动建立一个持续实现改进的循环，从而提高生产力，培养相关人员的工作能力。

如何学习

神经科学告诉我们，人脑中也在进行着类似的循环，其中包括一些关键阶段，使我们能够学习，并将学习的经验有效地应用。这一循环始于经验，在这一阶段，你的大脑收集信息并启动、沉浸到学习领域中（Zull, 2002）。在一个非常基本的层面上，这是人脑的感觉皮层在发挥作用，它通过你的感官细胞接收来自外部世界的信息。让我们想象如下情景：伊泽贝尔是你们公司的员工，最近刚晋升为团队主管；当她第一次作为团队主管参加团队会议时，会议室鸦雀无声，她接收到了来自组员的注视，感受到了大家期待的眼神，有位同事甚至朝她报以鼓励的微笑，令她信心倍增。我们从成人学习理论中知道，我们在学习时喜欢去解决问题，所以伊泽贝尔努力在探索如何让她的第一次会议获得成功。她在寻找着线索，她建议团队从讨论本次会议的目的开始，这时几位团队成员点头赞许，于是她感受到了成功的氛围。这样的经历会提高她对学习的开放程度，但前提是，她不会在这种开放的氛围减弱时，感到压力过大就行。

会议结束后，伊泽贝尔又在会议室里多待了几分钟，评估了一下现状。她在脑海中对整场会议进行了回顾，思考着哪些地方进展得不错，哪些地方下次需要改进。伊泽贝尔正处于学习过程中的反思阶段，她需要综合自己的经验，再结合他人的意见反馈，从而形成自己的见解。

伊泽贝尔将和她的新老板简进行下一场会议，简将会询问她工作进展得如何。当伊泽贝尔向简复述着团队会议的过程时，她发现自己其实是在描述她从这次会议中获得的学习要点，以及这些要点与自己以前作为团队成员时的经验有何异同之处。简问了她几个问题，帮助她明确下次会议要做些什么，并赞赏她能快速适应新角色的表现。在这个学习过程中，伊泽贝尔正在创造意义，这种意义让她能够将学习看作是一种新型个人资产，从而不断向前发展。

她们还会轻松地畅聊，回想起过去二人共事时，伊泽贝尔是如何从简那里学习到，要在会议一开始就达成预期目标的必要性。对话过半，简和伊泽贝尔恰好要去参加同一场会议，于是简对她说："我很期待看到，你的见解将和一些不同的想法发生碰撞。"二人穿过走廊时，简再一次轻声向伊泽贝尔第一次团队会议的顺利开展表示了祝贺。

请注意观察简是如何帮助伊泽贝尔创建学习环境的：简为她的角色塑造提供最佳的实践，鼓励她进行反思和意义构建，向她提供值得借鉴的反馈，支持她在实际的工作场景中运用从新的学习经验中获得的见解。相比于伊泽贝尔单纯依靠自己所得出的见解，简提出的问题指引着伊泽贝尔进行更具象更有效的思考。整个经历听起来趣味横生，这也会让伊泽贝尔更加难忘。其实这么做，并不困难，也不会花很多时间，我也看到了许多不同资历、级别的管理者会在日常工作中进行这类辅导式的对话。但不幸的是，这只是少数现象；更多的管理人员依旧是在忙于处理自己的日常事务，或是通过直接干预来解决问题。

作为领导者，敏捷工作需要你在企业中培养一种"成长的思维模式"。固定思维模式下的人，会认为智力这类基本素质在本质上是一成不变的，但成长型思维的人却认为这类素质是可以发展和培养的（Dweck, 2017）。如果你的团队成员拥有成长型思维，那么他们会更乐于接受挑战和建设性的批评意见，会在面对挫折和失败时，更具有韧性。他们相信努力终有意义，他们善于学习、善于向他人学习，他们更有可能获得升职，并保持领导地位。作为领导者，你需要鼓励员工培养成长型思维，因为这有助于企业创造支持敏捷工作的学习文化。

如果我们以第三章中的敏捷工作流程（Scrum）为参考，那么回顾会议便是一个培养团队乃至整个企业学习习惯的好方法。在一个冲刺阶段结束之时（或者对于高级团队来说，可能是在一个月或一个季度结束时），整个团队可以坐下来谈谈，在这次工作中，哪些方面做得不错，哪些地方有待改进。若想做到这一点，就需要开诚布公的讨论和真实坦诚的反馈。通过讨论和反馈，就能发现在下一阶段的工作中有待改进的地方，并在团队中就一项改进达成一致意见，将之作为下一场冲刺的优先级活动，添加到待办事项列表中。通过这种方式，团队可以定期做出改进，持续进行优化，并将其作为工作责任的一部分，与其他的业务目标一样交付给上级。正如我们在第二章中所言，当你在给出并接受真实的反馈时，你也是在锻炼并提高自己对于反馈的理解，从而使你成为一名更优秀的领导者。

案例：既是领导者，亦是学习者

根据我的经验，最好的领导者是那些不断学习、不断努力推动公司前进的人。这需要领导者紧跟新事物，广泛阅读，与同行建立关系网，关注其他行业的发展，这一过程应是永不停息的。这并非一场比赛，这里也没有终点线。你不能说“我已经是个足够好的领导者了，这就够了”。学习，应该是你从前至今一直都在坚持的事情。对此，我深信不疑。

——万达·默里（Vanda Murray OBE）担任芬纳（Fenner）公司董事长，该公司是强化聚合物技术领域的一家领先公司。

创造意义

有趣的是，在这封致商业领袖的公开信中，埃德蒙森和萨克斯贝利这两位作者主要强调的并非硬技术，而是协作、共情、创造意义这类软技能（Edmondson&Saxberg, 2017）。他们倡导的企业文化正是将学习作为常态，充分重视这些软技能。当今数字世界，瞬息万变，人工判断和决策制定对于生存至关重要；形成这样一种企业文化，对于企业在数字时代保持发展是至关重要的。在前几章中，我们已经讨论了协作能力和共情能力；如果你希望敏捷的工作方式助力企业发展，那么创造意义是你需要鼓励员工参与的重要方面。发现意义，这一点从不同的层面来看，都是十分重要的——从抽象的层面上来说，正如我们在生活中努力找寻着目标一样，意义是工作最强大的动力；从具体的层面来说，从数据分析中得到意义，对于了解顾客购买趋势和需求细分，也是一项十分关键的技能。

作为一名领导者，你可以成为建构意义的行为榜样，通过清晰地描述企业的状况，帮助员工理解工作的意义；你可以将当前正在进行的业务和企业的目的宗旨联系起来，帮助不同层级的员工明确他们对于实现企业战略目标的贡献。由此，你便为自己和他人建构了意义，展示了持续、开放学习的价值。

以客户为导向的创新

创新有多种形式，如改变商业模式（优步的下单系统）、开创新的领域（如智能手机和手机购物）、创造新奇体验（如亚马逊金牌服务的配送以及机场的自助登机）。里格比将创新定义为“把创造投入应用，并由此盈利”（Rigby&Sutherland, 2016）。这个定义包含了创新的两层含义，既具有开创性，又要体现商业价值。在敏捷的环境中，创新的优先重点是以客户需求为导向驱动的。萨瑟兰（Sutherland）是《敏捷宣言》的发起者之一，诚如他所言：“‘敏捷’一词来自一本书，这本书讲述了近100家精干的硬件公司的发展故事。这些公司在一开始都是精干而高效的，它们经过类似的发展模式，那就是通过让客户直接参与产品创造而变得敏捷了起来。精干主义加上让客户直接参与创新，这就是我对‘敏捷’的定义。”（Rigby&Sutherland, 2016）

敏捷创新就是专注于开发客户最想要的东西，优先进行最能满足客户“需求”的项目。搞清楚企业在学习和发展上的投资与客户的优先需求是否符合，是至关重要的。就创新而言，明确客户需求是至关重要的，不仅要了解他们在产品和服务上的偏好，也要清楚他们期待以怎样的方式去接受这些产品和服务。“有的企业之所以领先，是因为他们明白自己处于一个用户体验至上的行业。他们也明白向用户提供产品和服务的方式，正在变得与产品和服务本身一样重要。”（Mckinsey, 2016）我在此反复强调敏捷创新必须以客户需求为导向，还有一个原因是创新是在不完全了解结果的情况下开始的，专注于解决客户首要的问题，群策群力地集中优质资源来处理这些问题，为我们提供了前进的方向。

客户体验

要想通过创新设计引入更敏捷的用户体验，一个行之有效的办法便是，回顾一下你的客户从你的公司购买产品或使用服务的客户体验旅程。客户购买公司产品和使用服务，是通过与公司发生点对点的互动和接触进行的。这些“接触点”为创新和改进创造了机会：可以通过重新设计流程来减少购买时间或改善用户体验；也可以通过重新排列“接触点”来为客户创造更佳的体验。在网络高速发展的今天，所有的客户都期待供应商能提供如谷歌、亚马逊一样迅捷、便利和个性化的服务。

案例：零售经验

“零售业中，我们必须不断根据变化着的顾客期望做出调整和改变。顾客总是期望更快速高效的服务。我们需要对顾客的‘快速’需求进行回应，有时甚至需要为此承担风险。但顾客是我们的上帝，顾客决定了一个企业的存亡。尽管形势变化不定，技术革新风起云涌，我们始终坚持从顾客的反馈中进行学习。我们致力于提升质量、优化服务，从而让顾客收获令人惊喜的体验。顾客则想要一种能够带来惊喜的愉快体验 —— 如果我们能为顾客提供这样的体验，企业的收益将会表明，这一切的付出都是值得的。”

——塔尼斯·道奇（Tanith Dodge）是英国领先的人力资源总监之一。她一直鼓励和推动多家大型零售企业进行以顾客为中心的创新。

对于这一点，我最近深有体会。今年圣诞节过后，我有几件商品想退货，是在不同的网购平台购买的。其中一家的售后服务十分高效，它事先就提供了一个方便退货的、经整合的实物包装和标签，网站上也有易操作的“免费在线退货”选项按钮供我勾选，整个退货流程非常简便，两分钟就能搞定。从用户的角度出发，无论是购买还是退货，都体现了这家公司“用户体验至上”的设计理念。但另一家公司的退货流程就麻烦一些了，不仅没有退货标签，其购物网站上还隐藏了退货过程和相关费用，最后我花了12分钟才完成退货。高下立判，那么下次购物我一定会选前一家公司。在本章末尾的案例研究中，我将讨论英国电商巨头直销店集团（Shop Direct）以客户为导向的数字化转型过程。那时，商业环境处于剧变之中，Shop Direct却大胆改革，锐意行动，不断参考用户给出的需求意见，实现了成功转型，在电商业抓住了领先的商机。

实验

如果你想在整个客户体验中推动创新和改进，你首先要做的就是创造一种“学习比避免错误更为重要”的氛围。如果氛围已经形成，那么你需要在整个企业中推进和推广这一实验。在这一阶段，数量比绝对的质量更加重要，因为你需要鼓励员工寻找契机来增加商业价值，支持员工冒温和的风险来测试一些创新是否有效。记住《敏捷宣言》的四个核心价值将大有裨益：“个体与互动高于流程和工具；工作软件高于详尽的计划书；客户合作高于刻板的合同；响应变化高于遵循计划”（Highsmith, 2001）。这些清楚地强调了企业为什么需要让员工探索、进行试验、灵活工作、与客户合作，只有这样才能帮助企业找到哪些是可行的，哪些是不可行的做法。

如今，数字技术的出现，令原型制作变得更容易，成本更低。这将为你创造关键的机会，使公司能够根据不断变化的客户需要和他们追求的价值，进行测试和创新。你可以将想法迅速开发为可行的产品或服务，与用户一起进行测试，通过快速迭代来进行完善或重新开发，并迅速交付最小可行产品。由此，你就可以发现什么是有市场的，什么是没有多少市场的，从而做出相应的调整。技术帮助我们能够更快地应对客户体验的变化，制作原型和改善产品功能都能够更快地实现了；技术也帮助我们更迅捷地进行测试和学习，避免在未经测试的技术或流程上投入大量资金。

所有这一切的关键是创造一种文化，支持员工冒一定的风险，从中学习，将知识和经验应用于下一个迭代阶段中。此外，敏捷工作方式强调团队由不同职能部门的人员组成，队员拥有不同的经验和训练，这种组织方式有益于激发创新，有益于通过公开对话和共同决策来改善产出。

几十年来，丰田一直是勇于试验和持续改进的企业典范。丰田鼓励员工对假设进行测试，不管结果是成功还是失败，他们认为都是宝贵的学习经历。通过鼓励员工尝试，丰田“走出舒适区，进入了未知领域”（Takeuchi et al., 2008）。丰田的员工“深度思考，小步前进，从不轻言放弃”。例如，丰田在20世纪90年代成功开发普锐斯（Prius）混合动力车型就是一个典型的例子。当时，G21团队设定的目标是将燃油效率提高100%，这一目标看起来过于激进，不合常理。他们别无选择，只能冒险使用丰田一个实验室正在开发的新技术进行试验。试验过程中，发动机和电池屡屡出现故障，进展艰难。尽管困难重重，G21团队仍然坚持下来，丰田最后终于在1995年东京汽车展上推出了这款混合动力概念车。竹内在《丰田成功背后的矛盾力量》这篇论文里认为，丰田的成功最有趣的一面在于，它强调将开放式沟通作为核心价值，以及它是如何开创了一种极度包容失败的企业文化（Takeuchi, 2008）。竹内强调了丰田如何鼓励员工“坦率地说出他们犯下的错误或是正在面临的问题，而不需要有任何的心理负担”。

职能部门的支持在提高企业的实验水平方面发挥着重要的作用。例如，金融工具既可以作为风险控制的手段，也可以作为风险激励的动力。当它在金融部门扮演风险控制的角色时，要尽量减少支出，以提高短期盈利能力；在扮演风险激励的角色时，要尽量将投资投入能帮企业在未来赢得商机的试验中。这需要两种完全不同的思维方式：一方面，企业有必要进行财务控制，确保资金安全，管理现金流；但另一方面，如果你的首席财务官将企业的控制权牢牢攥在手里，那么你很难形成一种让试验和创新蓬勃发展的企业文化。同样的原则也适用于人力资源部门——如果他们在进行录用和晋升的决策时，优先考虑的是候选人是否适合这一岗位以及现有的工作方式能否得以维持，那么他们很可能不会录用或晋升那些锐意创新、不满足于现行方式的人，他们会淘汰掉那些“独行其是”的人，可正是这些人，才会以不同的视角看待客户体验旅程（customer journey），才会为企业找寻和探索新的市场机会。

引领创新

2004年出版的《集体天才：引领创新的艺术和实践》（*Collective Genius: The art and practice of leading innovation*）一书探讨了为何一些企业能够实现持续创新，而另一些企业却无法做到这一点（Hill et al., 2014）。该书研究了皮克斯、谷歌、易贝、辉瑞等创新型企业，发现它们的组织方式是“为创新而组织”。基于这些公司的共同经验，作者提出了“三种创新能力”：

1. 碰撞型创新——从讨论和辩论中不同观点的对撞产生新点子的能力。

2. 敏捷型创新——通过快速的实施、反思和调整，来进行测试和试验的能力。
3. 决断型创新——考量不同甚至相反的想法，做出综合决策的能力。

该书认为，“碰撞型创新”和“敏捷型创新”并不总是兼容的，因为我们很多人都渴望做出有把握的决策。根据这项研究，要创造真正的创新文化，领导者需要有勇气探索多种机会，并愿意实验和试错。在创新型企业中，解决方案是通过合作和不断迭代实现的。在选定一个想法进行实践之前，领导者会鼓励员工对多个想法进行测试和试错。

皮克斯的企业文化鼓励创新和试验。在皮克斯，没有人会因为尝试的东西无效或失败而受到指责。进行试验、不怕失败、从失败中吸取教训，这些都是创造“无惧风险”企业文化的关键。我们经常听别人说，领导层应该鼓励试验，而不是惩罚失败。皮克斯的艾德 · 卡特穆尔（Ed Catmull）强调说：“当我们回想过去的失败时，往往会认为那些失败造就了现在的我们；但当我们展望未来时，往往又会觉得，‘我不知道会发生什么，但我不想失败’。”他接着说：“困难在于，当你进行一项试验时，你需要向前看；让失败看起来很正常，是更难做到的。”（McKinsey, 2016）皮克斯倡导的这种学习精神，与第二章作为敏捷领导者案例介绍的科博尔德（Humphrey Cobbold）提出的见解有相通之处，该案例清晰地阐释和总结了我们在敏捷企业中应该追求的思维模式。

从外部学习

如果将我在大型组织和机构遇到的领导者与成功企业家之间做一个对比，那么二者最显著的差别之一是，后者通常更能意识到从外部学习的重要性，并渴望向外界学习。他们喜欢会见其他企业家、发言人、作者和学者，努力学习一些可以应用于他们企业内部的知识。许多企业家热衷学习，你可以看到，他们会将他人的经历或是见解与自己的企业相联系，从而寻找能够帮助企业更上一层楼的契机。我并非意指大型组织中的高层管理者就不会这样学习，因为我也见过一些同样热衷于从外界学习的组织领导者，但是这种例子在他们之中确实会少一些。

我确实相信，我们常常会从不经意听到的故事中获得启发和灵感，创造出新的见解，从而推动真正的创新和改进。我记得，一位拥有价值20亿英镑私人时装公司的领导者曾与另一位非常成功的企业家交谈，他讲起他们是如何通过将弹性面料等领域的研究活动联合起来，促进服装品牌的产品创新。他的对话人，那位成功的企业家拥有一家高速发展的科技公司，他一边仔细地倾听，一边若有所思。他在想他人的成功经验和宝贵的见解对自己的公司发展有无可借鉴之处。在后续的谈话中，他兴奋地举起了手，开始描述他有了新点子，如何通过将财务团队和采购团队连接起来，实现流程改进和效率提高。他的想法与谈话的主题相比较的话，其实两者之间并不直接相关。但如果不是和时装界的这个企业家交谈，他是不会想到这个点子的。

这种方法的另一个应用模式，是在创业文化不够充分的大型组织内部创立小型的新公司。多年来，First Direct是一家非常成功的直销银行，它是最早提供线上和网上银行服务的银行之一，客户忠诚度极高。First Direct于1992年被汇丰银行集团收购成为其旗下的子公司，它在汇丰银行扮演的角色就是大集团内部引入新公司这种方法的绝佳案例。在第四章中，我们探讨了在大型组织中建立孵化器从而促进创新的成功案例，特别是在颠覆性的创新威胁显现的市场之中，这一点对组织的存亡尤其重要。这就像是创建了一个外部的创新空间，与组织之间互相联系，却又有一定的独立性。著名咨询公司益普索-莫里（Ipsos MORI）的首席执行官本·佩奇（Ben Page）是这一模式的强烈支持者之一。益普索-莫里对企业文化和实践进行过大量研究，他表示：

“近年来，大集团公司将初创小公司兼并囊中，成了一种趋势。我觉得这个主意不错，因为如果你做得好，你可以在大公司内部发挥小公司的某些开创精神。大公司中普遍存在官僚主义，这会降低工作进度。如果你想要传达一个政策，你希望在周三的时候，上上下下所有的部门都能获悉和实行，那么你需要一个结构来实现这一目标。而这个结构在某些时候却成了改变的桎梏。反过来，如果周三不需要全部门步调一致的行动，就更快也更容易地进行改变了。”

益普索描述的这种结构方法对于促进创新是非常有用的，因为作为这个数字时代的领导者，你需要运营一个稳定的平台作为你组织的核心业务，同时你也必须应对技术驱动带来的颠覆性改变。

案例研究

Shop Direct（直销店集团公司）的学习驱动转型案例

Shop Direct集团是英国领先的数字零售商之一，旗下品牌包括

Very和Littlewoods。该公司的服务宗旨是“让更多的人更方便地购买优质的商品”。Shop Direct曾是英国领先的零售企业之一，近年进行了巨大的变革，于2015年转型成为一家完全数字化的公司。Shop Direct已经学会了如何以客户需求为中心来赢得更大的市场份额，如何通过向员工、技术、客户体验这些领域投资提供创新服务，完成了向数字化经营的成功转型。

尽管经历了重大的变革，但Shop Direct依然认为它处于持续的转型之旅中。这家企业之所以想要做出改变，是因为他们想要不断提高顾客的满意度和忠诚度。杰奎·汉弗莱斯（Jacqui Humphries）是Shop Direct集团的人事总监，她认为，一个企业要想真正做到敏捷，就需要对客户的需求做出更积极的回应，而并非一味地削减成本。

开发敏捷度

杰奎·汉弗莱斯表示，“客户体验很重要。我们需要迅速预见客户的需求，并对其做出反应。消费者并不会在乎我们企业内部的功能划分，因此我们需要围绕他们的需求进行工作。很多初创公司都在和我们竞争，他们从开业伊始，就是在以这种方式开展工作。我们必须重塑我们的组织方式，使其对顾客的需求做出更加敏捷和积极的反应”。

她认为真正敏捷的组织会在变化和协作中蓬勃发展，并将持续进步视为既定标准。“敏捷的组织会消除等级制度，清理筒仓壁垒，变得精干高效，这将有助于公司对顾客的需求做出更迅速的回应。它们能灵活适应变化，并做出相应调整；在这里，跨业务部门工作成为常见的方式。在这里，你会看到很多通才，他们知道什么时候引入专业知识，而并非像过去一样整个公司到处都是专家。要想变得敏捷，你就得这么做。”Shop Direct在整个集团内应用了多种敏捷法则。例如，在制订计划时，他们会更关注未来六周的进展，而并非未来十二个月的计划。

在开展敏捷工作时，Shop Direct面向整个集团公司，聘请合适的员工加入四支八人组成的团队中，担任其中的每一个岗位。每支队伍致力于探索敏捷工作的某一方面，如政策和流程、工具和技术等。这些跨功能的团队花了6个月的时间研究每个方面的商业机会，深入探索在新的数字世界中什么是行之有效的做事方式，然后将这些结果提交给董事会。从这个敏捷项目可以看到，这些团队向董事会证明，公司可以给员工设定一个挑战，然后授权他们去寻找解决方案，这么做会极大地促进公司发展。事实也证明了这一举措对集团的发展至关重要。

凝聚人力

拥有和凝练清晰的愿景和目标，是Shop Direct变革之旅的中心任务。“领导者必须明白组织为什么需要变革，为什么需要帮助员工认识到这一点，从而让每个人都参与到变革的过程之中。使用组织中任何人都能理解的语言，这一点十分重要。领导者需要描绘一幅关于未来的图景，因为当你在进行变革时，你会希望员工能够理解这一切将如何演变，产生什么结果。”

持续改进

在Shop Direct，持续学习和发展至为重要。在持续转型的过程中，Shop Direct鼓励各层级的管理者和员工放下旧事物，拥抱新事物。恪守事项的优先级也很重要，因为企业要把资源集中在最有可能对客户体验产生积极影响的方面。杰奎·汉弗莱斯还认为，为了鼓励创新和持续优化，领导者需要创造一种企业文化，让员工觉得犯错误也是正常的。“当你尝试一些新想法时，你最后做取舍时总会舍弃其中一些想法，这是很正常的事，但是在传统观念下，这些没被采纳的尝试往往会被视为是失败的，而实际上我们应该坦然接受一些舍弃，将之视为自然的事情。”

开发技能和能力

最后，Shop Direct不断地致力于培养优秀的领导者，这样的领导者既能够指导他人，同时也愿意授权他人。“我们需要充满好奇心、重视产出、深入了解数字趋势的领导者。在过去，我们培养和奖励的领导者，是那些完成了12～18个月这样的长期项目的管理者，但在今天和未来，我们需要领导者具有的能力发生了变化。”

杰奎·汉弗莱斯还强调了开发整个业务部门员工能力的重要性，因为敏捷的工作方式需要每个人参与，以及持续的学习。“你行动的速度，取决于你在企业中获得的能力和扮演的角色。”Shop Direct从纸质的销售商到转型为全球领先的数字零售商，正是不断学习支撑着他们完成了这一转变。

本章小结

学习是组织创新和优化的关键。如果组织中没有积极的学习文化支持，敏捷工作会陷入困境，员工也会因为害怕失败而倾向于规避风险。敏捷的核心在于，团队进行试验，并和顾客一起进行迭代测试，从而加速突破和创新、实现持续优化。作为一名领导者，你的作用是创造一种企业文化，在这种文化里，员工们重视学习，视错误为学习和改进的机会。这听起来很容易，但是根据我的经验，这需要我们重新思考如何领导，如何处理错误，以及如何控制风险等这些重要的问题。

参考文献

1. Christensen, C（1997）The Innovator's Dilemma: When new technologies cause great firms to fail, Harvard Business School Press, Boston, MA.
2. Cirrus/Ipsos（2016）Leadership Connections 2017, research paper, Cirrus, London.
3. Dinse, H（2016）How older people learn, Science Daily, June.
4. Dweck, C（2017）Mindset – Updated edition: Changing the way you think to fulfil your potential, Random House, New York.
5. Edmondson, A and Saxberg, B（2017）Putting lifelong learning on the CEO agenda, McKinsey Quarterly, September.
6. Fitzgerald, F Scott（1936）Part I: The crack-up, Originally published as a three-part series in the February, March and April 1936 issues of Esquire magazine.
7. Goran, J, LaBerge, L and Srinivasan, R（2017）Culture for a digital age, McKinsey Quarterly, July.
8. Highsmith, J（2001）History: The Agile Manifesto, available at agilemanifesto.org（last accessed 28 October 2017）.
9. Hill, L, Brandeau, G, Truelove, E and Lineback, K（2014）Collective Genius: The art and practice of leading innovation, Harvard Business Review Press, Boston, MA.
10. McKinsey（2016a）Staying one step ahead at Pixar: an interview with Ed Catmull, McKinsey Quarterly, March.
11. McKinsey（2016b）The CEO guide to customer experience, McKinsey Quarterly, August.
12. Rigby, D and Sutherland, J（2016）Understanding agile management, Harvard Business Review, April.

13. Takeuchi, H, Osono, E and Shimizu, N (2008) The contradictions that drive Toyota's success, Harvard Business Review, June.
14. Zull, J (2002) The Art of Changing the Brain, Stylus Publishing, Sterling, VA.

第三部分
下一步的行动

THE AGILE
LEADER

第九章　踏上敏捷之旅

引言

截至本章，我已在书中阐释了“敏捷”的原则和工作方式，并讲述了作为领导者应如何落实这些原则和方式，从而建立敏捷的团队和企业。敏捷的企业能够迅速应对日新月异的竞争环境，能够从根本上提高生产力、加快创新速度、优化客户体验。

本章中，我将讲述领导者该如何带领员工踏上敏捷之旅，以及如何激励员工更快地把握机会。诚如前文所述，在企业内部实现敏捷，并非一个微不足道的转变：事实上，对于领导者和企业而言，这一转变是根本性的。如果想要通过建立敏捷企业获利，从而在数字世界中获得成功，那么企业就需要在个人层面和集体层面实现转型。因此，如果领导者想要获得其他员工的支持，那么就需要掀起一场令大家为之信服的“运动”。

自我思考

阅读本章时，思考如下三个问题，将有助于你提炼成为敏捷领导者的核心观点。

- 你擅长敏捷的工作方式吗？
- 你将如何指导团队实现敏捷？
- 在你的企业中，引入敏捷工作方式在哪些领域能创造最大的价值？

波士顿咨询公司（Boston Consulting Group）是一家著名的全球性企业管理咨询公司。该公司在最近的一篇关于引领数字化转型的文章中写道："在敏捷时代，如果首席执行官只是在持续慢跑，那么就不能指望他们的团队会冲刺前进。"（Danoesastro et al., 2017）领导者需要一些坚定忠实的支持者，同他一起发起这场运动。在世界各地的派对和婚礼上，总有一个勇敢的人会率先走到舞池，但正是随后第二个、第三个甚至第四个加入其中的人，才将一场单人秀转变成了一场真正的舞蹈表演。因此，要想企业实现敏捷，需要从领导者——也就是你自己开始着手。以下是助你掀起敏捷运动的五条建议：

1. 阐明愿景；
2. 翻转领导思维；
3. 建构组织能力；
4. 点燃火把；
5. 嵌入敏捷流程。

作为最终的产品所有者，你的角色开始于阐明愿景——如何在客户服务方面实现转型。随着你手下的其他领导者将这一理念传播给更广泛的员工，随着他们摆脱过去的条条框框、接受新的工作方式，这一运动开始在企业内部生根并深入发展了。当你扩大公司管理层的参与范围时，你也开始建立更深层次的组织能力，在组织层面建立了敏捷的方式来进行思考和工作。

在整个过程中，随着敏捷工作在你周围零零星星地出现，你要做的是点燃这把火并支持其他人做同样的事情。这些行动将创造出突破性的时刻，创造出吸引客户的创新，创造出吸引更多人参与其中的加速产出。随着时间推移，你可以建立一个集合敏捷思考者的团体，这些人乐于接受新的工作方式，接着你可以将他们安插嵌入企业的招聘、晋升、汇报、信息管理等核心流程之中。经过一段时间的深入发展后，你最初的愿景就转变成了一场无须更多干预便可独立维持的运动，这样你就可以花更多的时间思考未来，预见新科技，探索它们尚未开发的应用之处。

1. 阐明愿景

为员工创造一种参与的机会感是个人行动的内驱力，因此协调好企业的转变目标与个人的发展目标尤为关键。让员工参与到敏捷愿景的制定之中，让他们了解这背后的目标以及这行动的优先顺序，是实现快速变化的必要条件。用你真诚的语言、用能让企业员工产生共鸣的方式，去阐述这项工作的各项原则，将大有裨益。在第三章的结尾，我们提到了《敏捷宣言》，你也可以把《敏捷宣言》中的原则作为这项运动的起点，结合你自己的经验和理解把它们贯通融合成几个关键的要点，以体现你作为产品所有者所要表达的理念。

帮助员工与这项变革之间建立起情感联系，从而打造势头将其维持下去，这一点十分重要。“人类可以参与复杂的行为活动。虽然企业本身不会适应外界变化，但是企业中的员工可以。可这种人为因素却一次又一次地遭到了忽视。约75%的组织变革项目都惨遭失败，很大程度上是因为员工感到自己被排除在了过程之外。”（Dawson&Jones, 2015）因此，让所有流程的员工都参与到这项运动之中、阐明“敏捷”对每个人而言意味着什么、让他们了解用这种方式工作所带来的好处，是至关重要的。敏捷工作的好处诸如更快满足客户需求后所带来的自豪感，在高效团队中工作所带来的满足感，或是因引入新的工作方式而推动企业成功所带来的兴奋感，这些都给人带来精神上的愉悦。

敏捷工作带来的其中一项益处与第一条敏捷价值有关——个体和互动高于流程和工具。敏捷工作将人置于一切工作的中心，因为人能在跨业务部门的团队中共同学习新知识，适应新变化，提高工作速度。一旦人们尝到了敏捷工作的甜头，他们就不想再回到传统的工作模式之中了。在西鲁斯，我们的开发团队已经使用敏捷方法工作好几年了。如今，这种方法正在延伸推广至其他业务部门。由于这些业务部门的员工已经看到了开发人员对Scrum工作流程的热忱，因此正在实打实地通过对工作流程和方式的全面改造来接受这些新观念。根据敏捷工作方法的指导，我们已将业务周期调整为三个月，并将提供卓越的客户体验作为工作重点。

敏捷工作方法的关键一点是要将人置于敏捷工作的核心。数字化时代加速发展，却牺牲了人与人之间的亲密和尊重。过去，当你需要安慰的时候，老朋友终会善意地对你一笑，安慰地拍拍你的肩膀，再给你一个温暖的拥抱。无论境遇多么艰难，你走进一个常去的酒吧，老相识会在吧台的另一端向你点头致意。这样的相互信任和纽带关系在敏捷团队工作方式中得以重现。在数字时代，我们周遭的一切都在快速地前进发展，但讽刺的是，在这样一个联系日益紧密的世界里，人与人之间的关系却逐渐疏远，这一代价实在是太高了。不过，敏捷团队工作方式正在彻底改变这一现状。

2. 翻转领导思维

对优步、爱彼迎、声田（Spotify）等众多数字原生态企业的领导者而言，敏捷工作方式是再熟悉不过的。然而对其他许多非数字原生态企业的领导者来说，敏捷工作方式可能就相对比较陌生了，或者可能只是在少数部门，如信息技术部门或开发团队之中有所涉及。这些公司往往更习惯于采用更传统的管理方式，包括层级制的工作模式，为员工设定线性时间表和交付日期等。如果你的企业属于后者，那么本章（以及本书）的大部分内容有助于作为领导者的你翻转思维模式，实施敏捷工作所需的改变。诚如马丁·达诺埃斯特罗（Martin Danoesastro）在《引领数字化转型的CEO指南》（*A CEO's guide to leading digital transformation*）一文中所说，"由于组织转型往往规模巨大、情况复杂，所以转型成功与否通常取决于该组织领导者——尤其是首席执行官的表现"。（Danoesastro et al., 2017）

在风格上，敏捷领导和传统的领导方式迥然不同。要想实现敏捷领导，第一个大挑战就是得让管理者"彻底改变他们的工作方式"（Rigby&Sutherland, 2016）。这需要组织内部所有级别的领导者转变思维模式，从层级最高的领导者开始，创造一种全新的思维方式。正如我们早先在精英运动员身上看到的，如果你学会从不同的角度思考问题，你就能学到新的技能和动作，使你更为敏捷、更有竞争力。但如若仅是学习技能或动作本身，不做思考，并不能让你在一众佼佼者中脱颖而出。根据我的经验，要想出类拔萃，就得采用多角度的、多层面的学习方法：

- 由外及内地学习——向成功的数字原生态企业学习经验，并将这些经验与你领导的组织的核心优势和企业文化相融合。例如，向深度数字型企业学习如何通过大数据趋势分析来更密切地了解客户需求等。

- 调整计划周期，提高适应性——采用更短的计划和回顾周期（如以每季度为一周期），在二者之间灵活协调，适应不断变化的影响因素；协调领导目标与团队工作目标使其保持一致，同时给予团队和员工足够的自主空间来实现目标。
- 体验式发展：向根深蒂固的旧习发起挑战——将你手下的领导者置于与往日不同的环境之中，尽管这会令他们感到不适，挑战他们对控制、信任和授权的预判，并通过指导和授予许可来支持他们做出改变。要想更轻松地实现这一点，可以聘请外部顾问来设计体验项目，优化体验效果。例如，为企业的领导者们提供一个稳定的环境，让他们在小团队中工作，要求其在短时间内完成具有挑战性的任务。
- 领导者亲授培训，以壮大敏捷方法拥护者的队伍——让领导者参与整个组织员工培训，通过清晰阐明敏捷方法的“原因”，“定义”和“做法”，使员工更深入地了解敏捷方法。例如，领导者可以和其团队甚至更广泛的员工群体一起举办研讨会，指导他们如何做出敏捷决策。
- 大胆放权，包容错误——确保自己以及手下的高级领导者保持良好的反馈通道，以获得团队和员工对相关政策和领导行为的反馈，避免作为领导者的你因不了解情况而影响了敏捷工作的实施。
- 学习新技能——通过和团队一起对技能进行开发、指导和分享，培养合作学习、反馈回顾、营造共情、持续改进等一系列新的团队技能。

如果实现上述这一切是轻而易举的事，那么我就不需要在此处赘言了。但事实上，对于传统组织的管理者而言，实现这些与领导能力相关的变革，并非易事，因为其中很多内容都是他们难以接受的。这些变革可能会让一些领导者迷失方向，可能会对他们的原有预判造成冲击，即是否可以真正信任他人，对他人授权并放心大胆地让其来完成任务。对于某些领导者，这种做法可能过于激进。如果这些守旧的管理者主动请愿辞职，那就再好不过了。最糟糕的情况是某些不相信敏捷方法的管理者可能会成为你行动的绊脚石：他们要么冷眼旁观，岿然不动；要么试图破坏，打乱全局。因此，对这些会扯你后腿的管理者要提高警惕。但与此同时，也要给管理者时间去适应这一切，不要轻易或过早地做出判断。毕竟，这是一段充满挑战的旅程，而且，对大多数人而言，没有时间的累积沉淀，难以在敏捷之旅上取得真正的进展。

案例研究

英国时装协会助伦敦重返全球时尚舞台

卡罗琳·拉什（Caroline Rush）于2009年3月担任英国时装协会（British Fashion Council）的联合首席执行官，并于2012年成为唯一首席执行官。她因把巴宝莉（Burberry）和坦波丽（Temperley）等知名品牌带回伦敦时尚周而广受赞誉。此前，这些品牌一直仅在海外展示其时装系列。在卡罗琳上任之前，许多时尚评论员认为伦敦只能算得上是巴黎、米兰和纽约这些时尚之都的“穷亲戚”。不过，卡罗琳通过改变英国时尚行业的领导方式，成功助力伦敦重返全球时尚舞台的中心。

时尚业对英国经济的发展十分重要，英国时装协会的目标之一就是源源不断地吸引优秀人才进入该行业。除了充满创意的人才，时尚行业还需要吸引那些能够创造卓越业绩的人才。协会致力于确保英国时尚业能在教育、见习、产业战略和国际贸易等领域有着为英国政府所认可的重要地位。在卡罗琳的领导下，英国时装协会通过突出英国时装业对该国经济的重要贡献，以及在工作方式上引领创新，为其树立了良好声誉，赢得了极高的经济地位。

建立敏捷和创新的文化

时尚界是一个充满了创意和创新的行业，因此卡罗琳一直认为英国时装协会也必须具有创意和创新。她表示："如果我们的组织缺乏活力，只做着一些枯燥无味的事情，我们就很难发出真实有力的声音。"为了建立一种创新文化，卡罗琳尽力将组织内的官僚习气和繁文缛节控制在最低限度。除此之外，她还招募和培养了一批团队管理者，这些管理者不仅善于抓住新机会，而且擅长在整个组织中嵌入更敏捷的工作方式。

英国时装协会有着来自各行各业的利益相关者。为确保各方都能与协会的核心目标保持一致，卡罗琳会定期与各方进行沟通，使利益相关方对协会确立的目标拥有发言权，并能在实现目标的过程中发挥一定作用。通过开展专题研讨、定期会议，让利益相关方群策群力地应对特定的行业挑战，利益相关者的参与度得到了极大提高，更积极地投入全行业的通力合作之中。

利用创造性思维克服阻碍

作为一个非营利性组织，资金不足有时会成为英国时装协会发展的阻碍。不过，卡罗琳却认为这能够鼓励更多创造性思维的涌现。

卡罗琳说："在过去，赞助是一种十分常见的品牌战略，也是协会获得资助的常见方式。我们与合作伙伴紧密合作，共同设定目标，并确保尽力完成这些目标，实现合作伙伴和协会共同制定的战略目标。以前，我们会寻找赞助商，帮助我们将英国设计师带入国际市场。但现在，我们正在发起一场变革运动。我们如今会直接与国际零售商合作，帮助他们从对英国时尚业支持的业务中获得更多的价值，实现共赢。对我们来说，建立广泛的关系并利用这些关系，十分重要。为了做到这一点，我们做出了许多努力。一个成功的案例是，我们曾和纽约的巴尼斯百货公司（Barneys）做了一次促销合作，在第五大道的橱窗里专题展示了英国设计师的作品。这些橱窗引人注目，引起了巨大的反响。对巴尼斯来说，这有助于证明他们在外聘英国设计师上的投资是正确明智的；对我们而言，这次合作令我们仅用四分之一的成本就达到了与昔日采取的赞助商模式下的宣传活动同样好的效果。如果你十分明确自己想要实现的目标，那么你一定能找到新的方法来实现它。资金不足并不总会成为一个问题，会有解决办法。”

数字化的影响

数字爆炸对时尚业产生了巨大的影响。它颠覆了传统的零售业，并为各大品牌创造了与客户接触的新渠道。卡罗琳关注到了整个时尚业的领导风格发生了变化，她表示：“尽管新上任的领导者是商业人士，更专注于业务建设，但是他们也越来越意识到了文化、品牌以及品牌象征价值的重要性。除此之外，我们还看到时尚业正在展开一场对人才的争夺战，因为一些领导者已经开始在时尚业中引入更多的敏捷、创新的科技行业管理经验，适应数字世界的挑战。这样一个竞争激烈的时代，实在是让人非常兴奋。”随着更为敏捷、创新的工作方式在时尚界得到推广和应用，现如今时尚业更有可能赢得这场人才争夺战。

3. 建构组织能力

如何以敏捷的工作方式创造新的可持续的组织能力？要想回答这个问题，首先得弄清楚什么是“组织能力”。乌尔里希和史默伍德（Ulrich & Smallwood, 2004）对组织能力的定义是：

> 当公司将每个员工的个人能力和才智综合起来从事生产时，组织能力便产生了。组织能力是公司综合能力与个体能力的结合。一个员工可能会精通某一项技术或技能，但公司却未必同样拥有或需要这项技能来从事业务开发。如果公司需要这项技能，那么拥有该技能的员工就能参与到组织生产中；反之，如果公司不从事相关技能的业务，那些跃跃欲试的员工可能会因此沮丧失意。此外，组织能力是指企业将其资源、技术与管理各种要素投入转化为产品或服务的能力。

要想把敏捷性发展成为公司上下都拥有的一种能力，你就需要让所有员工都参与到这场运动之中——但是，应该从哪一步开始呢？如果你想建立起敏捷的工作方式助力企业成功，那么你需要在组织内系统地建立起两种彼此相关的能力：

敏捷过程和技能——如优先排序、详细规划、迭代回顾、进度可视化等敏捷工作方法；

团队技能——在团队中齐心协力地合作，尊重跨部门同事提供的不同技能和经验，积极给予并接受各项反馈，将其作为优化改进、保持凝聚力的基础（参见第六章）。

以上这两个方面相辅相成，正如第三章中论及的敏捷工作流程

（Scrum）所述，可以通过建立敏捷团队并为其分配团队教练来实现这一目标。

构建敏捷能力

在构建敏捷能力的过程中，我认为应该通过提供不同的例子来帮助人们理解敏捷能力是如何区别于以及为何区别于其他能力的。在这一过程中，领导者需要向员工传达“我们之所以用不同于往日的方式完成这项任务，是因为这代表着我们今后所希冀的工作方式”这一理念。除此之外，在我看来，引入新的工作方式、新的语言、新的术语，也十分重要。我们应该让员工走出舒适区，向其派发具有挑战性的任务，即一些他们之前从未经历过且必须通过合作完成的任务，让他们在工作中应用所学，如此才能算是真正的学习。

——塔尼斯·道奇（Tanith Dodge），
英国著名的人力资源总监之一

尽管从领导的角度出发建构敏捷领导力是关键的步骤，但组织内部的快速接收和快速反应能力也不容忽视。这样，整个组织才能平衡且协调地发展前进。对敏捷工作至关重要的协调变通并不一定非得来自高层，因为层层指示传达下来，会减缓整个行动的速度。协调最好是由企业内部的自组织团队（self-organizing teams）自行发出，每个团队都能根据周遭环境的变化及整个组织的长期愿景和短期优先目标，做出明智的判断和决策。

一旦我们有了敏捷的思维，我们就能以敏捷的方式行事。

根据我的经验，有几条简单的规则可以帮助组织培养和实现与敏捷相关的技能和行为（详见表9.1）。不过，所有这些行动都需要敏捷专家或有相关经验的专业人员的支持，他们通过指导敏捷团队在日常的实践中运用这些技能，帮助团队逐渐提高速度并取得有益成果。

在建构组织能力方面，我们同样可以从丰田的成功经验获得启示：丰田之所以能持续成功，其关键因素就在于它对员工的大力投资，因为组织能力是所有员工能力和才智的综合。丰田将员工视为"在公司前线积累经验智慧的知识工作者"（Takeuchi et al., 2008）。因此公司在人才培养和组织能力建设方面进行了大量投资，并不断从员工身上获取反馈和经验。在精干和敏捷工作的世界里，员工的"经验和智慧"成了组织的核心资产，他们为组织加速改进和推动创新提供了真知灼见。

表9.1　如何在组织中培养敏捷能力

规则	详述
1. 下定决心，做出改变	如果你和你手下的各层管理者并非真心实意地想要做出改变，那么你们推广敏捷工作注定会徒劳无果。因此，你们应该深入讨论这一变化，并作为一个领导团队在组织中承诺将开启这一变革之旅。支持与其相关的所有级别的培训，向员工展示你对学习敏捷工作的承诺和渴望。
2. 打破旧观念，建立新秩序	为了改变组织内部的思维模式和行为方式，你需要挑战员工的先入之见，帮助他们重新构建一套观念想法。因此，要设计具有挑战性的学习教程，让大家走出舒适区，有机会去体验新的工作方式。
3. 循循善诱，乐在其中	只有当学习本身足够有吸引力的时候，产生的学习效果才是最好的。因此，发挥你的妙想和创意，吸引员工参与其中，共同创造一次难忘的经历。

续表

4. 鼓起干劲，保持势头	改变在一开始需要耗费大量的精力，同时也需要时间和定期的巩固来建立势头。因此，要自觉自愿地在改变初期投入时间和努力，并继续投入保持势头。
5. 上下互通，双向发展	无论是在培训还是实践期间，都要通过对话和回顾的方式帮助员工理解“敏捷”的意义。让员工参与到所有培训活动的设计和实践中，从而培养他们的自主意识。
6. 把握进度，庆祝成就	通过反馈循环来评估和把握进度，重点关注员工正在学习什么以及他们在实践中做了什么。反馈内容应清晰明了，将其作为关键性的管理数据，庆祝阶段性成就，以鼓舞士气。
7. 锲而不舍，持之以恒	因为永久性的改变往往需要时间的沉淀和重复的演练，所以锲而不舍的恒心至关重要。因此，要反复不断地对员工进行观念输送，改变他们的语言方式，赞赏表彰取得的突破和成就，从而鼓励员工向前迈进。

4. 点燃火把

截至目前，以上所述都是围绕如何在整个公司层面进行一项重大的变革，这些在很大程度上是你需要致力实现的内容。但是，在实践中，更好的做法是自下而上开启这场变革。去看看有哪些需要用创造性突破来解决的实际问题，把握住这一时机，以此为契机点燃火把，从而开启整个组织层面的变革之旅。这种开启变革的方式会产生一种自下而上的动力，一种自发于组织内部、能够吸引他人加入其中的动力。此外，还要创建多功能团队，推动他们大胆尝试，鼓励他们向陈旧的工作方法发出挑战，并通过迭代过程实现真正的创新。

一旦火把点燃，团队可以自主地以敏捷的方式工作时，你作为领导者的主要作用是确保管理人员尽量少地以有意或无意的方式干涉或破坏新的工作方式。要确保管理人员了解敏捷过程，清楚自己的角色是为团队设定愿景、支持团队开展实践。至于究竟要如何开展实践，交付任务，那就是团队自己的事了，决策权在团队手上。从团队的角度来看，尽管他们会发现这段经历充满挑战，但很快就会体验到一种令人振奋的掌控感和责任感。一旦他们经历了几个冲刺阶段，感受到了自我管理所带来的成就和兴奋感，体会了实现既定任务后产生的满足感，从回顾会议中收获了今后如何做得更快更好的真知灼见，他们可能再也不会想去使用那些传统的工作方法了。你也可以从这些团队之中收集经验，收集一些能够佐证敏捷方法裨益的案例，从而反过来激发其他员工的好奇心，激励他们相仿相效。因此，关键在于培养那些愿意勇于率先尝试敏捷方法的使用者，开发他们的自主性，帮助他们大步前进，取得突破性进展。

厘清工作的重点对实现组织的敏捷能力大有帮助。在你的组织中，可能有一些领域并不适于引入敏捷工作方式。比如，如果规划周期为两年，那么在客户需求可预测、条件不变的情况下，就不太可能去改变这一周期。因此，此时最好把工作重点放在有更多机会进行突破性创新的地方，在那些充满更多未知可能性的领域，适时地采用敏捷方法，促进优化。

5. 嵌入敏捷流程

在组织中嵌入敏捷工作方式的办法有很多，例如，在人力资源和财务管理等核心流程中实现敏捷工作方式的制度化，相关内容我们在第八章有所论及。在核心流程中嵌入敏捷工作对于一个组织而言十分重要，在强化组织的敏捷性和灵活性方面也大有裨益。与此同样重要的是，在组织内创建一个真正愿意推进敏捷运动的团队。团队中的员工会支持敏捷运动，并通过自己的热情和经验努力维持这场运动，使之越发浩大。

人力流程的敏捷

首先，让我们看看如何通过人力流程敏捷化来开展和支持敏捷工作。我们知道，科学技术正在以不断增长的速度推动着变革。根据西鲁斯/益普索的一份研究报告，相较于为公司工作，人们会更愿意为事业做出奉献（Cirrus/Ipsos research, 2017）。时至今日，人们和雇主之间的关系不再那么紧密和固定。正如第四章所述，如今我们处于五代人共存的劳动力人口期，劳动力结构正在发生着改变。为适应这一变化，退休政策正在调整，全天候的工作机制也正在增加，从而满足全球的工作需求。这一切使劳动力和公司之间的关系也在改变之中。敏捷未来论坛（Cannon, 2017）的研究为支持敏捷工作的人力管理提出了四个考虑因素。

1. 雇员是谁？是以定期合同的形式与雇员建立契约关系，还是与其他组织共享劳动力，抑或是雇佣自由职业者？
2. 雇员什么时候工作？你是否能启用弹性工作制，让更多的员工选择自愿减少工作时间、加班、轮班、兼职、职位共享？
3. 雇员在哪里工作？你是否能从更多更灵活的家庭办公、移动办公和跨地点办公中受益？
4. 雇员做什么工作？在给员工分配工作时，你是否能将雇员的不同技能合理组合，拥有工作轮换、以技能为基础的任务分配和快速再培训等经验？

在阅读以上这些方法时，你可能会发现其中一些方法比起另一些更适用于你的敏捷工作实践。敏捷工作的核心是复合型技能团队，团队工作基于密切合作，遵循既定的团队规范。技能复合、以技能为基础的任务分配和快速再培训这些方法都能够很好地融入敏捷工作，但是有些方法可能会破坏某些团队设置，对团队工作的连续性造成影响，如家庭办公和移动办公等。

与此同时，我建议你还可以采用其他一些做法支持敏捷工作的开展。例如，雇用愿意独立思考的员工，让各色各样的员工在你的敏捷团队中发挥所长，鼓励人力资源部门的同事聘用那些“拥有创造力、善于团队合作、充满好奇”的应聘者。要想让敏捷力在组织内蓬勃发展，你需要那些愿意挑战、愿意在追求进步的过程中提出棘手问题的员工，“一些不太按常规出牌的人士——即那些具有进取精神、不愿墨守成规、不会轻易被条条框框束缚的通才”。（Gothelf, 2014）

以上所要传递的信息是：要多加小心，不要以为任何灵活的事物都一定有助于实现我们在本书中讨论的“敏捷力”。但是话又说回来，增加劳动力的流动性，创造以团队为导向的企业文化，确实能有效推动敏捷工作在实践中的进行。

财务流程敏捷

同样，如果我们将视角切换到财务部门，你就会发现：传统的控制投资风险或谋求资本回报的方法将无助于敏捷工作方式的嵌入。在一个迭代的、实验性的世界中，要想对预期价值结果做出正确的判断并非易事，因为在这个世界中，价值是递增的，客户的需求会随着市场内外客户体验的变化而演变发展。我们需要的是更短的拨款周期，以及在每个项目展开时对价值持更灵活的看法。获得拨款的审批原则仍然有效，但侧重点却有所不同。

哥瑟夫（Gothelf）曾在发表于《哈佛商业评论》的一篇文章中提出，某些创新企业的商业方式对实现财务流程敏捷有借鉴作用。他借鉴初创企业的做法，建议财务团队与业务团队展开合作，就好像他们是“一群负责解决业务问题的人”，开始合力创业。首先，为每一个业务问题制定一个目标，这个目标是可衡量的，对团队成功进行了明确定义。接着，在每个拨款期结束时，团队“必须向财务办公室提交报告说明，才能再次得到拨款”（Gothelf, 2014）。如此一来，财务团队便和业务团队绑在了一根绳子上，作为伙伴一起踏上探索之路，这就要求他们需要理解项目的目标并据此协同工作。但与此同时，财务团队依然作为资金管理方承担着对组织及其股东应尽的责任和义务。

迭代设计和开发方法管理中隐含着一定程度的不确定性，而传统的“瀑布式（waterfall）”开发方法似乎可以消除这种不确定性。在瀑布式方法中，你会经常看到一些复杂的项目计划都明确描述了两年甚至五年的可交付成果，这类投资回报有着显而易见的确定性，对投资者非常具有吸引力。但敏捷工作恰恰缺乏这种确定性，因此当你在和财务团队就投资的业务项目进行讨论，以求能获得资助时，往往会困难重重。因此，我们需要一个理解这种转变并愿意基于相同的迭代基础为项目提供资金的财务部门。如此一来，与财务部门的同事进行合作便成了实现敏捷工作的关键所在——如果要他们调整自己的工作方式以支持难以预测的财务状况，你需要说服他们接受敏捷工作的方式。

敏捷的工作空间

合适的物理工作环境对实现更敏捷的工作影响重大。英国渣打银行（Standard Chartered Bank）、皇冠地产（The Crown Estate）等组织纷纷投资建设了新的工作环境，旨在鼓励合作、开放沟通、专题活动和观点共享，为敏捷工作创造了空间。

皇冠地产作为英国最大的地产商之一，其资产组合价值超过120亿英镑。旗下资产包括伦敦西区的整条摄政街和大部分圣詹姆斯街、温莎大公园、大量农村土地、英国一半以上的海滩；除此之外，皇冠地产还对200海里的海床负责，因而成为帮助英国建立海上风能部门的关键角色。在过去10年间，皇冠地产从这些资产中获得的收入利润超过26亿英镑，并作为国家利益收入上缴给了英国财政部。

据皇冠地产首席运营官朱迪思·埃弗雷特（Judith Everett）表示，敏捷性有助于组织推动合作、提高生产力，有助于皇冠地产将其企业宗旨——“铭记商业主义，创造辉煌地产”——在办公环境中付诸实践。皇冠地产在伦敦圣詹姆斯市场的办公中心集中展现了其品牌价值和专业知识，在不忘初心、坚守宗旨的同时，突显了皇冠地产的企业家精神。在这个新的办公环境中，所有员工在一个楼层工作，这里电子设备配套齐全，以辅助他们处理手头上待完成的工作。在建造新工作环境时，员工的健康状态和幸福指数也是设计师考虑的因素之一。在这里，办公桌都靠近自然光线，咖啡厅的餐品营养均衡，也有足够的区域供员工散步锻炼，可谓体贴至极。不过，最大的变化还当数新引入的“ABW——基于事务的工作方式（activity-based working）”——通过空间设计和模块家具的协调，团队可以自主组合和设计最适合开展团队合作的工作环境。这种工作方式带来的效益十分显著，朱迪思描述道：

> “在这种更敏捷更灵活的方式下，员工的工作地点丰富多样，他们可以选择坐在固定的办公桌前，可以去小隔间、安静的房间，或者也可以去图书馆工作。多样化的工作方式为工作环境注入了满满的活力，也有助于我们推动分工协作、提高生产效率。员工会根据自己当日的工作重点，为自己搭配相应的工作地点和场景，选择他们何时在何地进行哪一项工作。起初，员工对如此程度的敏捷或多或少存在一些疑惑情绪，但现在大家都表示，他们非常享受这种灵活自由的工作环境。他们发现，每天在不同的区域工作、坐在不同的人旁边，这种体验很是刺激，并且十分享受有如此多场景可供选择的工作环境。”

以上就是一个通过打造“敏捷工作环境”、优化组织运作的典型案例：皇冠地产通过投资建设灵活自由的工作环境，呼应了其企业文化，遵循了敏捷的工作方式，从而实现了企业的日益敏捷和互联互通。皇冠地产的工作环境令员工能够专注于有效合作，以确保能够为利益相关者带来更大的成果。

创建敏捷社区

最后，我认为，将敏捷工作嵌入企业核心流程的最佳方式莫过于建立一个强大的社区，在这个由企业员工和客户群构成的社区中，各种新的做法和变化都能够及时推广。在Hobbycraft的案例中，你可以看到企业是如何在企业内部及企业与客户之间建立起一个强大的敏捷社区。

案例研究

Hobbycraft如何创建敏捷社区

Hobbycraft是英国领先的艺术和工艺零售商。2017年，卡特里娜·马歇尔（Catriona Marshall）担任Hobbycraf首席执行官时，她向英国零售商协会（British Retail Consortium）表示："我们的未来是要建立一个手工艺社区。我们不卖产品，我们卖的是创意。"

建立社区正是Hobbycraft进行的事业。Hobbycraft将手工制作带入主流，并将从业者和客户一并带入了这一旅程之中。如今已有250万人加入该俱乐部，成为会员。更令人震惊的是，Hobbycraft仅凭很微薄的资金，在短短六周便实现了这一成就。这一突破性创新的案例令人注目。

"你可以在你真心想快速地去改变的领域开始，进行小范围的'敏捷'试点或建立小型的敏捷团队。接着你可以从这些试点和团队身上学到经验，再让他们发挥积极作用去影响企业的其他部门。最好从那些有创新精神的人员开始，从那些试图变敏捷或已经实现敏捷的区域开始，作为企业的子集，我们可以利用这些'星星之火'的力量逐渐让整个组织都变得敏捷。我们要坚信这样一个目标，并锲而不舍地坚持下去。"

卡特里娜表示："我们曾经想推出积分卡，这也许会花费200万～300万英镑。但我们没那么多钱去购买这项服务。于是，我们开始探讨如何去完成这件事。并且，我们决定不对积分卡设置任何规定。这一举措获得了意想不到的收益。如今，Hobbycraft一半的业务都是通过俱乐部的积分卡创造的。"这一切都源自一张简单的卡片，后来，公司根据顾客的意见反馈，逐渐增加了这张卡片的使用方式。

Hobbycraft的80家门店都会开办体验课、手工艺课程，举办儿童活动、生日派对。因此，员工和顾客之间的关系就变得格外重要。一线工作的员工可以邀请优质客户参加特别活动，或开展一些小福利回馈活动，从而与客户建立更好的关系。

Hobbycraft有着庞大且活跃的网上社区，每个门店都有自己的推特账号。除此以外，顾客和员工还会将自己制作手工的视频上传到公司官网以及YouTube、Facebook等社交媒体平台上。

作为Hobbycraft的首席执行官，卡特里娜一直在企业内倡导极简主义。她认为，公司建立制度的初衷是为了让员工把注意力放在关注业务和联络客户上，而非用这些行政程序的条条框框束缚他们。她表示："我认为许多企业犯的最大错误就是，它们总是不停地在增加事务的复杂性。我认为一个企业的基础设施越简单越好，能根据企业的需要变得越来越灵活、轻便。"

与员工保持联系

除了关注与客户的联系外，Hobbycraft也会通过在线聊天和面对面沟通的方式与员工进行交流，鼓励他们提出新想法。曾经有员工提出需要新的入职培训材料，于是大家就一起合作讨论，最后商定出了一个有创意且低成本的解决方案。如今，每家门店都会为新入职的同事制作一段两分钟的视频，这样就能快速又经济地向他们介绍公司状况，以便他们更好地了解和融入公司。除此之外，Hobbycraft还制作了一幅名为"加入Hobbycraft后你所需要知道的一切"的路线图，发放给新入职的同事，由此简化了公司的入职培训。

卡特里娜表示："领导者必须信任员工，这样才能顺利解决问题。这像是一场推拉战一般，领导者必须在'认同目标、设定范围和界限、提供支持’这三者之间保持恰当的平衡。”

快速灵活地测试想法

Hobbycraft还会用敏捷灵活的方式测试和实验各种想法。卡特里娜说：“因为我们想要围绕特定的爱好去创建社区、开发产品系列，所以我们没有启动什么很大的项目；相反，我们成立了一个五人小团队，一同在新品牌Knitcraft下探索编织工艺和妙趣。这个小团队依靠Hobbycraft的基础设施，行动迅速，十分灵活。Knitcraft就这样作为一个垂直品类发展下来，我们也从中收获了许多想法和经验，帮助我们在日后更好地创建新品类。”

卡特里娜认为，不向新项目分配大额预算有助于提高敏捷性。“这通常意味着朝着目标行进，把规则束缚抛之脑后。你需要有一个明确的目标，至于如何实现这个目标，不用急于做出明确的详述。这通常是最经济也最快捷的工作方式；与此同时，这也给予员工足够的自由去做出不同的思考和行动。”如今，Hobbycraft无论是在公司内部还是在公司与客户之间都成功营造出了强烈的社区氛围，这让卡特里娜对公司未来的发展拥有了莫大的信心。

本章小结

许多年轻的组织，也就是所谓的数字原生态企业，它们在许多方面都采取了某种敏捷工作形式，这是自然而然形成的，因为在它们成长建立之初，“数字化”就已成了主导的商业方式。本书中所论述的全部或部分的做法已经在这些组织中得到应用和普及——起码在它们之中的某些部门或领域是如此。对于那些成立于互联网时代之前的企业而言，它们要想建立敏捷企业，会更为困难。对其中的大部分企业来说，这代表着对既定思维和工作方式的改变，意味着要从令人感觉更安全的可预测的生产、分销和服务模式转变到不太明确的敏捷工作方式。

在本章中，我列出了一些关键的方法用以开展和维持这种转变，使敏捷性和灵活性渗透到企业运营的方方面面。总体来看，我们可以从以下方面着手：

（1）以每个人都能理解的方式阐述领导者对转型的愿景，并让每一位员工都参与其中，让他们觉得自己有机会去实现这一转变。

（2）翻转领导思维，从控制全局到下放权力，从风险规避到大胆试验，从森严的层级制度到团队的自我管理，这些转变促成了敏捷化的实现。

（3）培养整体的组织能力，使零售、分销、财务和人力资源等团队都能按照新的方式进行工作，并在实践中相互给予支持。

（4）点燃敏捷社区的火焰，在需求最大的地方创造突破性创新，以此为契机，吸引其他员工也加入“敏捷之旅”。

（5）在组织的核心流程中嵌入敏捷工作方式，共同支持敏捷工作在组织内部的发展。

参考文献

1. Cannon, F（2017）The Agility Mindset, Palgrave Macmillan, Basingstoke.
2. Cirrus/Ipsos（2017）Leadership Connections 2017, research paper, Cirrus, London.
3. Danoesastro, M, Freeland, G and Reichert, T（2017）A CEO’s guide to leading digital transformation, in BCG Perspectives, The Boston Consulting Group, Boston, MA.
4. Dawson, M and Jones, M（2015）Human Change Management: Herding

cats, PricewaterhouseCoopers, London, pp 21–3.

5. Gothelf, J (2014) Bring agile to the whole organization, Harvard Business Review, November.
6. Rigby, D and Sutherland, J (2016) Understanding agile management, Harvard Business Review, April.
7. Takeuchi, H, Osono, E and Shimizu, N (2008) The contradictions that drive Toyota's success, Harvard Business Review, June.
8. Ulrich, D and Smallwood, N (2004) Capitalizing on capabilities, Harvard Business Review, June.

第十章　敏捷性与数字社会

引言

科学技术和政治变革挑战了如今一些组织的性质，最后一章将讨论在此种情境下，敏捷领导力如何与更广泛的社会产生关联。我们生活在一个联系越发紧密的世界，但也是一个越来越容易受到干扰和打断的世界。我们越来越需要将组织连接起来，使其一方面能够灵活应对世界各地的情况变化，同时依然能够保持统一的战略和文化。敏捷领导者拥抱由科技政治变革带来的挑战，本章末尾介绍了敏捷领导悖论如何帮助我们理解当今世界政治和社会的变化。

自我思考

在阅读本章时，思考如下三个问题，将有助于你提炼成为敏捷领导者的核心观点。

- 我对社会的看法是开放的还是封闭的？
- 我的组织可以在哪里创建更有效的网络连接？
- 在敏捷的领导力方面，我还可以为社会提供些什么？

加速变革

安永（EY）2012年的研究表明，尽管大多数国际公司都知道，消费者和一些重要利益相关者所使用的技术在不断变化，公司需要主动去适应这些变化并及时做出调整，但大多数公司都没有意识到，他们应对这些变化的时间十分有限。毕竟，互联网仅用了十年的发展就成为人们日常生活中的一部分。安永指出，技术变革的脚步正在不断加速，在一个“万物皆数字”的世界，商业公司需要主动进行技术创新，“突破”自己的运作形式，以免被破坏性竞争淘汰出局。研究者表示：“我们没有时间可以浪费了。”

五年之后的2017年，数字世界对领导力的挑战已经成为所有组织的首要议程。德勤贝新（Bersin by Deloitte）的一项调查表明，90%的组织认为它们的核心业务受到了新型数字竞争者的威胁，70%的组织认为，它们缺乏正确的领导力、技术或者运营模式来适应变化（Bersin, 2017）。高德纳（Gartner）的一项研究指出世界上42%的首席执行官已经开始着手数字化业务转型（Gartner, 2017）。

数字化变革让我们的工作方式变得更加敏捷和灵活。组织不再掌控客户关系；加速发展的技术手段导致更多的破坏性竞争，驱动着供应链的转型，也增加了商品化的风险。而瞬息万变的世界格局让情况变得更加复杂：经济发展从西半球转移到东半球，右翼民粹主义政治崛起，区域政局不稳定因素加剧，看似不可避免的宗教冲突……这种种情势告诉我们这个易变的、不确定的、复杂和不明确（VUCA）的世界只会越来越不稳定，越来越不可预测。

面对这些挑战，许多专家开始从数字化视角进行回应。他们建议企业尽可能地利用技术手段，通过数字化转型解决组织中一些历史久远的遗留问题，尤其是其内部系统和运作过程中的问题。我认为这是一个错误的出发点。不可否认的是，许多组织都迫切需要通过数字转型来面对新型数字化市场准入带来的挑战，而技术手段将持续推动变革和创新。例如，许多零售商意识到缺少线上资源来提供更有竞争力的顾客体验让他们处于不利地位，所以他们正在努力追赶数字化竞争对手。这些正在我们周围发生，然而，从技术着手并不能带来灵活的竞争力，相反，从人开始才能给企业带来更加灵活的竞争力。

正如本书中一直强调的，释放敏捷创新力和促进进步的本质在于《敏捷宣言》中所说的“个体高于流程和工具”（Highsmith，2001）。最终决定成败的，是人。重要的是人们相信什么，他们如何相互影响，他们关注什么，他们如何开放地学习，这些才是成败的决定因素。只有领导者了解到这一点，数字化转型才能取得成效。我们在这本书中讨论的诸多案例都证明，那些成功的公司最关注的是企业文化、团队合作和灵活的工作方式，而这些正是新的技术手段和目标运营模式的投资取得成功的保证。

网络化的组织

如今，世界联系变得空前紧密，但两极分化趋势也在加剧，贸易保护主义盛行，高墙垒砌抬头。在这种世界局势下，我们面临的抉择是：前进还是后退？我们是拥抱开放的世界，还是退回到封闭的世界？我觉得敏捷领导者会清醒地认识到，他们需要朝着一个更加开放合作的方向努力，无论是在组织的微观层面上，还是在更加广阔的宏观经济层面上。

社交媒体创造出的消费者网络超出了任何组织的控制。物联网正在逐步实现全球设备互联互通，任何单个组织都无法掌控网络。人工智能和机器自主学习正在创造一个可以自控的学习系统，最终将不再需要人的干预。众包已经改变了我们购买服务和企业筹资的方式。区块链不仅使交易透明化，还会“颠覆”那些以信誉为基础的全球行业，诸如银行等中介机构可能会被排除在行业之外。在此情境下，提高组织的学习能力变得前所未有的重要。敏捷工作模式基于精干生产，推动企业适应和改善，是实现学习型组织的重要途径，这一点已经得到公认。

然而，实现学习型组织面对的重要挑战是，在网络化的经营环境中，要在快速发展的市场中取得成功，企业需要与其他方建立良好的合作关系。例如，在通信领域，应用程序开发服务推动着智能手机供应企业的发展；在金融领域和银行业，金融科技新兴公司正为银行创造新的服务领域。应用程序接口（API）成了网络化组织的标志，这个供应生态系统通过协议和工具实现沟通合作和互利互惠。

在汽车行业和相关市场，如汽车租赁和汽车金融市场，未来十年自动驾驶汽车将给行业带来翻天覆地的变化，这要求企业重新思考其整个商业模式。“交通即服务”（TaaS）模式正在迅速发展，消费者可以通过手机App自主预订交通工具，我们过去所熟知的“汽车所有权”这种概念正在逐渐消失，这给公共交通和私人交通系统带来的连锁反应将会变得非常显著。在智能系统的管理下，人与物的移动将会变成一个无缝衔接的过程。智能系统根据需要调度公共或私人设施，根据消费者的喜好和用户历史记录为消费者提供最佳体验。付款方式由一体化的商业模式进行管理。这种数字化的环境下，参与到一个行程订单的不同组织的互动方式将决定胜负——网络一体化体验最佳的服务将赢得领先地位，而那些奉行“鸵鸟政策”的企业将面临困境。

你可以从本书中学到许多关于敏捷领导力的知识和方法，并将其应用于网络化组织之间的伙伴关系界面。例如，定期举行小型会议讨论工作进展，帮助各参与方跟进优先可交付成果。组建混合团队，便于各合作方公开透明地共享专业知识，共同协商解决问题，能极大地加快项目进度。定期召开回顾会议，上一阶段的回顾和总结能为下一阶段提供宝贵经验，也能为各方带来更大的收益。为了使这些工作方式能在伙伴关系界面发挥最佳效用，领导者在制定基本规则时要牢记合作原则，给予雇员更多授权，以从商业角度来看最简单清晰的方式工作。

商业活动构成了一个完整的生态系统。目前，大多数生态系统都基于商业实用主义。苹果公司以其封闭的运营环境而闻名，除非对方的产品适合苹果公司，否则苹果公司不会考虑与其合作。将来，随着新一代消费者希望在生活中寻求更多的意义，并期望其供应商遵循比简单的商业自利更高的道德准则，这种商业实用主义的不足将会更加凸显。这也是我在《整合领导力》中强调的，商业组织需要有清晰的目标，明确自身除了获利之外的存在意义（参见《整合领导力》第一章）。这同样适用于基于各种伙伴关系的组织网络，在API（应用程序接口）协议世界中，致力于为客户创造比竞争对手更大的价值。这些系统需要明确消费者信任自己的理由，明确消费者对自己的意义。当智能手机制造商需要应用程序加强设备的可用性时，当银行需要软件支持来应对金融科技中的竞争对手时，这些系统能够随时随地提供可持续的支持。

社会中的敏捷领导力悖论

正如在第一章中所谈到的，当今数字化的影响正在持续加速，渗透到生活和社会的各个领域，因此我们需要接受和理解领导力悖论：优秀的领导者在人与人之间、客户之间和国家之间建立联系，但同时他们也挑战现状，打破某些行业中的固有思维和规范准则，例如城市的出租车法规，汽车拥有权的概念或全球时装的营销实践。

要成为数字世界中的敏捷领导者，我们既要成为推动者，又要成为打破者，既要建立起一个团结的社会，同时还要挑战最基本层面上的运作方式。我们需要同时接受敏捷领导力悖论的两个对立面，即联结的需要和打破的需要，在建立凝聚力的同时，也要敢于质疑支撑它的基础。

在西方世界许多地方，右翼思想兴盛，抗议政治活跃，这是我们社会发生变化的一种表现。某种意义上，可以说这种思想与敏捷工作的原则背道而驰。在最初的《敏捷宣言》中，关于敏捷的四个价值观在今天仍能引起共鸣："个体高于流程和工具；工作的软件高于详尽的文档；响应变化高于遵循计划；客户合作高于刻板的合同。"（Highsmith, 2001）敏捷强调的是人，是通过试验去学习、适应和协作。不是右翼分子叫嚣的排外口号和高墙隔断，敏捷倡导的是交流、合作和对他人开放。

推动者	打破者
√ 学习敏捷性	√ 深思熟虑的决断力
√ 清晰的目标感	√ 熟悉网络技术
√ 共情和信任	√ 反思现状
√ 赋能和赋权	√ 创新思维方式
√ 推动团队协作	√ 贴近客户消费趋势

图10.1　敏捷领导力悖论

因此，当我将打破作为敏捷领导力悖论的一方面时，我是指为创新打破，为进步打破，为再创造打破。与敏捷领导力悖论的另一方面是互相平衡的，即通过建立相互联系、共同学习和合力协作为客户和社会带来更多的效益。敏捷工作本质上是拒绝自我中心主义，重视团队合作和个体差异，并将其作为挑战和创新的来源。要做到这一点，既需要成员彼此信任，也需要领导者充分信任下属，赋权给下属，才能成事。作为一种构建健康社群的模式，它有许多可取的优点。

我们在许多大众政治抗议活动中（尤其是在北美和欧洲）看到的那种打破，不利于建立一个敏捷的、联系紧密的、机会均等的社区。相反，我认为这种打破是受恐惧、偏见和不公正所驱使的。我们必须认识到，在富裕的少数群体的资本主义制度统治下，这种打破下所潜藏的挫败感是无法持久的。我们需要主动调整这种不平衡状况，否则只能等待着“被调整”，从而导致更大的社会风险。

敏捷工作的原则能够被更广泛地应用于构建更紧密的社会联系。在这个基础上的相互尊重、更公平的财富分配和更平等的赋权激发了参与者更多的积极性和创造力，激励他们为集体财富和集体幸福做出更多的贡献。在许多西方国家，最近的选举结果显示公众情绪累积到了一个爆发点。从社会的角度来说，如果我们能够帮助更多的人做贡献，那么我们可以更广泛地分享更多的经济收益，而这将有助于减少人们的挫败感和不公正感。敏捷的思维方式和工作方式为我们提供了一种方法，帮助我们从一个由少数人拥有权力和资源的社会转变为更加重视互信和贡献的平等社会。

最后，我以ED&F Man的案例分析来做本章的结语。在此案例中，作为一家非常传统的跨国农产品公司，面对易变、复杂和不明确的全球环境带来的巨大挑战，该企业采用了更为敏捷的工作方式和更加共享的所有权模式，同时公司对其组织形式和企业文化不断革新，以适应气候变化、经济动荡、政治不稳定和饮食习惯改变等因素引起的市场变化。

案例研究

ED&F Man 如何敏捷应对社会变化

ED&F Man是少数几家主导全球农产品市场的企业之一。这家历史悠久的企业，面对近年经济形势、环境状况和社会条件的不断变化，成功地实现了转型。

ED&F Man成立于1783年，在全球60个国家拥有7000名员工。2000年，该企业开始由管理层收购，其后经历了诸多改革，现已转为主要由员工持股所有。ED&F Man从事糖、咖啡、糖蜜、谷物、干豆和动物饲料的货物贸易，并通过经纪业务为大宗商品和资本市场提供进入渠道。

乌卡（VUCA）时代下的运作方式

我们当前所处的这个易变、不确定、复杂和不明确的时代被称为乌卡（VUCA）时代，ED&F Man便是在这一背景下经营运作。以上四个因素中的任何一个都会对企业造成巨大的影响，例如，农产品的产量和收成会受到外部气候因素的严重影响，而全球气候正变得越来越难以预测。因此，敏捷性对于ED&F Man来说至关重要，在一个竞争激烈的市场中，公司必须持续适应不断变化的市场条件和客户需求。

阿德里安·奥斯本（Adrian Osbourn）是ED&F Man学习和发展部门的负责人。他表示："在追求速度的同时，也必须遵守法规，并考虑决策对利益相关方的影响，我们总是需要在这三方面之间取得平衡。有哪些政治、经济、社会、技术、立法和环境因素正在影响着我们，或者可能在未来影响我们？"乌卡时代下，确实需要进一步思考这些问题。

政治变动和经济震荡也对全球商业活动产生了影响。数字时代的到来，大大提高了企业的工作效率，但也意味着每天都要花费成本维护数字安全，防御网络攻击和入侵。此外，ED&F Man在全球多个国家开展业务，在某些地区，恐怖活动和海盗劫掠都是非常实际的威胁。所有这些都是ED&F Man需要不断关注和警惕的问题。

平衡风险与机会

同时，ED&F Man也处于一个高度监管的环境，从事高达数十亿美元的交易，这意味着它需要意识到自己对利益相关方承担的责任。近年来，ED&F Man以一种更为敏捷的方式抓住了许多机会。他们的做法是，对新的想法进行积极大胆的测试，然后对可行的新项目投入资源来拓展业务。例如，该企业经纪业务部门的员工发现了一个将业务扩展到能源衍生品交易的商机。尽管能源从来都不是这家公司的核心业务，但公司很快行动起来，搭建了一个小团队来探索市场机会。结果是，这个想法获得了成功后，公司将更多的资源投入相关的石油、天然气、煤炭和排放产品之上。

糖是ED&F Man最大的业务之一。糖料作物的生长非常容易受到气候变化影响。任何不适宜的生长条件，都会造成整个区域作物的歉收。近年来，许多发达国家为了遏制肥胖现象，鼓励人们健康饮食，采取了一系列举措，包括提高食糖税，并出台了严格的食品生产和广告宣传管理规则。虽然由于发展中国家对糖类产品的大量需求，全球范围内对糖的总需求量仍在增加。但是，从长期来看，对糖的全球性需求可能会减少。因此，ED&F Man评估了其在糖类产品市场的业务，并发现了一个尚待填补的商机。其后，他们立刻实施了一项行动，投资生产以甜菊糖为基础的替代甜味剂。ED&F Man的灵活应对是一个通过创新抵消传统糖类市场份额下降的优秀案例。当下，全球农产品市场的形势正在发生变化，ED&F Man认识到它需要不断地适应和发展，从而保持有利可盈的贸易流通，并确保其在增长市场中的地位，这就需要企业拥有敏捷性、创造力、创新和进取精神。

如果将更广泛的宏观经济因素和人口因素考虑在内，由于全球人口正在不断增加，极有可能蛋白质的供应在未来将不能够满足人口的需求。ED&F Man认为，全球对豆类产品的需求在未来几年间将出现显著增长，黄豆、豌豆和扁豆等作为印度和中国等国的主食产品，在全球食品市场中可能占据越来越重要的地位。基于此预测，ED&Man出手收购了采购点遍布全球35个豆类食品产地的专业豆类贸易公司Maviga。这也是ED&F Man敏捷应对市场变化的另一个优秀案例。阿德里安表示，全球市场复杂多变，因此加快决策过程势在必行。“在不利的环境和市场挑战中也存在着机遇。当前我们面临着许多挑战，其中更为迫在眉睫的是要更迅捷地做出商业决策。”

企业文化变革

自2000年ED&F Man实现管理层收购以来，该公司内部便持续展开企业文化改革。如今，它已经从一个传统型的等级森严的贸易公司，转变成为一个更扁平化、更依赖于团队协作的现代企业。

ED&F Man的企业文化基于以下几个核心原则：不懈的进取精神和创新理念，有力的企业管治，坚持可持续发展，承担社会责任，为客户和业务伙伴提供始终如一的高质量服务。近年来它成功营造出了一种鼓励员工参与、授权于员工的企业文化。

ED&F Man的架构以员工对公司的所有权为基础，鼓励员工像企业主一样去思考、行动和专注于创造股东价值。拥有一个自己能够为之出力奉献、建言献策从而助其实现发展的企业，成了每个员工的关切和利益所在。

ED&F Man着力清除企业内部的官僚作风，以“精英领导”作为企业管理的核心价值观。它大刀阔斧地清扫障碍，取消了一些“决策把关”手续和相关条例，鼓励员工向更高管理层建言献策。这些提议中的相当一部分得到了公司的批准，并得到迅速的资源投入。其中的一些提议经过可行性测试后，又进一步增加了投资。这种种举措，极大地鼓励了员工的进取精神，培养了员工的能动性。

近年来，ED&F Man开始在价值驱动领导力方面进行投入，加快企业文化变革，促进企业转型。例如，企业为员工提供精心设置的学习和培训课程，鼓励员工为额外的学习或进修机会申请资助等。另外，在业绩考核上也引入了改革措施。过去，公司会对完成了业绩目标的员工给予一定奖励；现在，除了绩效结果，绩效管理更为关注的是实现结果的行为过程，不仅关注员工实现了“什么”，还会关注他们是“如何”实现目标的。最后，企业在很大程度上为员工所有，这一点也大大增强了员工对企业的认同感和责任感。

从ED&F Man的平衡记分卡（Balanced Score Card）来看，能够敏捷应对市场变化是它获得成功的一个关键因素。除此之外，它还拥有良好的创新思维和一流的客户服务。这些业绩管理指标具有内在的一致性，也就是说，ED&F Man的灵活商业模式是其成功的核心因素，与其他因素是相辅相成的关系。若想在工作中取得成功，员工需要思考如何做才能对企业的敏捷性做出贡献。

与供应商保持可持续伙伴关系

ED&F Man视供应商为客户，致力于提供“人性化”的服务。例如，他们与农民合作，帮助他们种植质量上乘的作物，推广能够保持土地生产力的农业技术。除此之外，ED&F Man还采用套期保值和期货等金融工具，使客户免受价格波动的影响。

ED&F Man在产品研发上投入了大量资金，拥有一支全球知名的研发团队。公司将分享专业知识和企业资源视为其应该履行的社会责任。公司会定期派遣作物专家到产地，与当地生产者一起从事生产。例如，种植咖啡豆的小农户可能只有几英亩的土地用于生产，为了实现产量最大化，作物专家会向农户们推荐适合种植的品种，以及有利于可持续发展的施肥方法，从而保持土壤养分和肥力。他们还定期对土壤进行评估，记录温度和降雨量等数据，据此对未来的种植状况进行预测。他们还会将现况和前几年的情况进行对比，把握历史的变化。将小农户们从长年累月的下地实践中积累的大量经验与科学家的“全球专业知识”结合起来，无疑能够更好地指导农作物生产。专家对可能产生巨大影响的变化和不测因素进行预测和预防，也有助于实现企业和当地生产者的利益互赢。

ED&F Man重视自己在一个相互联系的世界中应该承担的责任和义务。它为新兴市场的许多社区和教育项目提供支持。例如，ED&F Man在越南一家大型咖啡生产基地投资建设学校和医院设施，改善当地的教育和医疗水平，同时也解决了员工的后顾之忧。这些设施为员工的子女们的生活和教育提供了保障，使员工能够更安心地从事工作。

阿德里安表示：“我们的员工激情高涨，非常敬业。尊重是公司的核心价值观，作为一个重视人际关系的现代企业，我们希望以一种可持续的方式与客户保持长期的生意往来。”ED&F Man的成功经验表明，将敏捷的工作方式与负责任的理念和价值观结合起来，才是真正的成功之道。

本章小结

如果您是一位有远见的领导者，我希望您能接受我在本书中提出的关于在您的工作场所实现灵活商业、构建敏捷组织的浅见。我也希望您能认识到，将这些原则更广泛地应用到企业生态系统中的其他组织和社群中去，是有价值的。我们每天面对种种选择，是否积极合作，是否信任他人能胜任工作，是否能够承担风险。无论最后结果是什么，我们从中不断学习，积累经验。通过学习和掌握敏捷领导力，您可以非常迅速地对工作、家庭以及更广泛的社群产生影响，同时推动生产力和创新的增长。

参考文献

1. Bersin,（2017）Predictions for 2017: Everything is becoming digital, Bersin by Deloitte, London.
2. EY（2012）The Digitization of Everything, EY, London.
3. Gartner,（2017）CEO Survey: CIOs must scale up digital business, Gartner Group, Stamford, Conn.
4. Highsmith, J（2001）History: The Agile Manifesto, available at agilemanifesto.org（last accessed 28 October 2017）.

译后记

TRANSLATOR'S POSTSCRIPT

西蒙·海沃德的《敏捷领导力》是关于在数字时代技术驱动及社会政治环境变化背景下（他将之称为VUKA 时代），商业活动和组织管理学将如何面对新的挑战。如其书中所言，“这个变化的环境为商业和服务交付发展既制造了挑战，也创造了机会，虽然抓住这些机会往往充满风险，但是错失机会面临的风险更大。在这个数字化和政治前景未知的世界，敏捷领导力从未如此意义重大”。该书与作者前一本著作《整合领导力》（*Connective Leadership*）有着紧密的延续关系。他将整合领导力的重要因素“敏捷”在本书中单独论述。通读该书原文并不觉得困难，但在翻译过程中遇到的挑战也不少，一字一句，做到妥帖准确对应，也颇为不易。

第一个方面是几个核心概念。“Agility”（敏捷、敏捷性）作为关键词，一个和组织领导力联系在一起的概念，已经被管理学普遍接受。比较棘手的反倒是一些很普通的词，比如“disrupt”，“我将‘打破’（disrupt）作为敏捷领导力悖论的一方时，是指为创新打破，为进步打破，为再创造打破”。“disrupt”作为反复出现的词，在书里既有“突破”，即“挑战既定规范”的含义，也有“颠覆”的意思，因为在数字时代为发展而做出的改变常常是颠覆性的。几度斟酌，在多数时候译者还是取其本义将之翻译为“打破”，在具体上下文中也会根据搭配和引申翻译为“颠覆”、“突破”等。“authenticity”也是一个不太容易具体化的词汇，在书中指敏捷领导力的一种品质——能够在人与人之间建立真实联结的能力，这种能力对于有效领导和管理变得日益举足轻重。译者开始打算将其翻译为“真诚”或“真切”，后来还是依其本义，翻译为“真实”、“真实性”、“真实可靠”等。最后一个概念是“connective leadership”，“connective”和“connectivity”一方面偏向指“连接”和“联结”的过程，另一方面也可以偏向指关系网络的“互联性”和“整体性”。“一个善于建立互联关系的领导者专注于使整个关系网络更智能，而反过来智能的关系网络又有助于更有效地实施管理。”尤其是在当今“互依性”和“多元化”共存的时代，互联性极大地影响决策的迅速性和结果。因为海沃德的同名前作“*Connective Leadership*”已经被译为《整合领导力》出版在前，译者在处理该词时颇为踌躇。大多数时候还是依其本意，如在“enabling connections”中翻译为“连接”或“互联”。以上核心概念与敏捷领导力的核心思想对应，翻译时的虚实和直译之间的平衡尤其重要。

第二个方面的困难与组织管理、技术方面的术语和专业知识背景相关。如“CLT”为“复杂性领导理论”，“MVP”即“最小可行产品”，“customer journey”为“客户体验历程”等行业术语。“break down silos”中“silos”的对应译法有“孤岛”和“筒仓”，可以根据搭配选用，谨慎起见，译者还是把英文附在后面。还有诸如分析麻痹症（analysis paralysis）这样的术语，“分析麻痹症”通常发生在管理者过于追求完美决策，或对数据进行过于细致的分析，导致工作进度很难推进的情况。对于此类术语译者以脚注方式提供了解释或背景。还有如书中反复使用的商业组织的不同表达

“organization”,“corporate”,“company”,“enterprise”,“business”等，译者在翻译中也需要尽量予以区分。比较困难的是关于敏捷流程和敏捷开发的一系列术语。译者调查中发现这些术语的翻译并没有固定的译法，如“Sprint”指一种持续固定时长的事件，有“周期”和“冲刺”两种译法。或者有时并没有翻译，而是直接保留了原来的英文术语。几经斟酌，译者结合两种方法，将“iterative development”一般按习惯翻译为“迭代开发”，保留了“Scrum团队”、“Scrum开发”、“Sprint周期”这样的表达。

第三个方面是一些专有名词。作为一本关于商业管理的著作，书中包含大量公司和产品名称。译者的处理方法分为三种，第一种是通过查找既有的规范译法，遵循和采取既有的译法，并将英文名称附在后面，如“益普索-莫里咨询公司”（Ipsos MORI）、“埃森哲”（Accenture）、“英国和记电信”（Three UK）、“西鲁斯”（Cirrus）等。第二种处理是，对于没找到约定俗成译法的专名，则采取音译和增译法结合，同时也将英文名称附在译名后面，如“英国著名面包连锁零售格雷格斯公司”（Greggs）、“安东尼·诺兰信托”（Anthony Nolan）等。第三种处理是，对于少数专名保留了英语原文名称，没有进行翻译，如“英国著名连锁健身俱乐部PureGym公司”等。需要指出的是，这些专名的翻译需要在全书中保持一致。

第四个方面是语篇层面的逻辑、连贯和清晰化方面的处理。本书有明显的书面语和口语两种文体风格。其中口语风格的影响来自作者作为资深管理专家所作的演讲、讲座和交流等。译者对于少数比较口语化的表达进行了清晰化和连贯处理，对某些隐含的逻辑进行显化。采取的另一种处理是在段落内调整语序，加主题概括或衔接过渡的句子。还有一种情况是，作者在文中常常引用其他专业人士的看法，但有时行文中并没有给出文献来源，如果考虑到连贯、意思严谨或行文的需要，译者会参考章节后面的参考文献将文献信息添补到行文中来，使译文读起来更加清晰连贯。

总之，一本书翻译下来，一词一句的斟酌殊为不易。正如钱锺书先生所言："翻译总是以原作的那一国语言为出发点而以译成的这一国语言为到达点。从最初出发以至终竟到达，这是很艰辛的历程。…… 原作里没有一个字可以滑过溜过，没有一处困难可以支吾扯淡。"

最后，本书分为十章，我的三位2020级MTI学生王菲、肖思怡和杨芊芊一起完成了本书第四章至第九章的初译。她们三位都拥有二级笔译证书，在翻译公司实习时都受到高度好评，我非常荣幸能和她们一起实践、学习和进步。书中每个词、每个句子我们常常一起斟酌研讨，这是非常辛苦但也收获满满的过程。

译者

2025 年 6 月

图书在版编目（CIP）数据

敏捷领导力：数字时代下的灵活商业 / (英) 西蒙·海沃德著；王卫平译. -- 北京：中国工人出版社，2025. 5. -- ISBN 978-7-5008-7869-8

Ⅰ. F279.1

中国国家版本馆CIP数据核字第2025Y9J434号

著作权合同登记号：01-2021-2634 号

The Agile Leader: How to Create an Agile Business in the Digital Age by Simon Hayward

This translation of *The Agile Leader* is published by arrangement with Kogan Page.

敏捷领导力：数字时代下的灵活商业

出 版 人	董 宽
责任编辑	左 鹏
责任印制	栾征宇
出版发行	中国工人出版社
地　　址	北京市东城区鼓楼外大街45号　邮编：100120
网　　址	http://www.wp-china.com
电　　话	（010）62005043（总编室） （010）62005039（印制管理中心） （010）62379038（社科文艺分社）
发行热线	（010）82029051　62383056
经　　销	各地书店
印　　刷	北京市密东印刷有限公司
开　　本	880毫米×1230毫米　1/32
印　　张	7.75
字　　数	230千字
版　　次	2025年10月第1版　2025年10月第1次印刷
定　　价	68.00元

本书如有破损、缺页、装订错误，请与本社印制管理中心联系更换